PROLOGO

Venezuela no se fue de Venezuela.

Fue arrancada.

No se marcharon cuerpos solos con maletas ni números en un registro estadístico. Se marcharon vidas enteras con recuerdos adheridos a cada paso., con nombres que eran promesas y proyectos, con hijos que tomaron banderas imaginarias, mientras sus padres lloraban en silencio.

Muchos no cruzaron fronteras caminando: fueron empujados por la angustia, por la imposibilidad de alimentar a sus hijos, por la ausencia de medicinas, por el peso inhumano de la incertidumbre cotidiana.

Estas son historias de coraje y desarraigo de sentir que tu país se vacía bajo tus pies mientras tu corazón se parte en dos, una mitad quedándose atrás y otra avanzando al incierto futuro.

Nadie se prepara para ver tu bandera alejarse en el retrovisor de un autobús, ni para escuchar a tu madre decir "cuídate" como si supiera que quizá no volverás a verla.

Algunos caminaron kilómetros enteros, durmiendo a la intemperie, cruzando ríos, enfrentando selvas traicioneras, solo para llegar a un país lejano donde la nostalgia se convierte en compañero nocturno constante.

Pero no todo en este éxodo fue desesperanza. Hubo también redes de solidaridad, venezolanos ayudando a venezolanos en estaciones de autobús, en casas convertidas en albergues, en comunidades que los recibieron entre dudas y abrazos silenciosos. Hubo madres que compartieron el poco pan que tenían. Hubo hermanos que aprendieron a sonreír de nuevo mientras trabajaban horas extras para mandar algo a la casa que dejaron atrás. Y a pesar de todo, la raíz venezolana siguió latiendo en las calles de nuevos mundos.

Este libro recoge historias como estas, caminantes de diferentes caminos que representan un solo latido: el de un pueblo que no se resigna y que, aunque obligado a emigrar, conserva una memoria profunda de su tierra, de su gente, de su historia.

Hubo casas que se transformaron en refugio. No por caridad, sino por hermandad. Recuerdo el apartamento de mi hija María Angélica, no era grande: dos habitaciones, una sala modesta, una vida que ella misma con Carlos su esposo, estaban intentando ordenar en tierra ajena. Y aun así, su casa la convirtió en puerto, en albergue.

Allí llegaron venezolanos recién aterrizados con el cansancio del viaje aun en el cuerpo y la incertidumbre pegada a la mirada.

Algunos se quedaban una o dos noches, otros el tiempo necesario para ubicarse, respirar, para volver a sentirse humanos.

Uno de los cuartos fue destinado casi por completo a quienes llegaban de Venezuela, en otro dormía María Angelica, Carlos y las dos niñas y yo misma cuando eso correspondía. La sala se adaptaba como se podía. Nadie preguntaba cuanto tiempo. Nadie pedía explicaciones.

Con el tiempo la voz se corrió. En Valera se supo que en la casa de María Angelica se recibía a los que llegaban, especialmente a los valeranos y también a muchos de Maracaibo, esa segunda ciudad que siempre fue parte de nuestra vida. Aquella casa se volvió punto de encuentro en Palm Beach, un punto de encuentro de alivio, lagrimas contenidas y abrazos silenciosos.

Ese gesto, se repetía en miles de hogares venezolanos dentro y fuera del país, es, esa prueba de algo que este libro quiere dejar claro: el éxodo no nos deshumanizó, al contrario, nos obligó a reconocernos en el otro, sostenernos cuando ya no quedaba nada más que darnos entre nosotros.

PROHIBIDO OLVIDAR

La maleta que nunca se cierra.

Nadie se va de su país de verdad el día que cruza la frontera.

Uno se va antes, cuando empieza a callar lo que siempre dijo, cuando aprende a bajar la voz, cuando descubre que la normalidad ya no es normal, pero se finge que sí lo es.

Yo no me fui de Venezuela pensando que era un exilio. Me fui con la ilusión, tan común entre los que se van, de que sería temporal. Un paréntesis, una pausa necesaria antes del regreso.

Deje cosas sin regalar, libros sin ordenar, afectos sin despedida completa, como quien no quiere cerrar del todo la puerta.

Con el tiempo entendí que el exilio no empieza en el aeropuerto, sino en el alma. Empieza cuando el país que amas, ya no te reconoce, y tu comienzas a no reconocerte dentro de él.

Este libro no nace del odio, ni de la revancha. Nace de una herida abierta de la necesidad de dejar constancia de lo vivido, no para señalar culpables con el dedo tembloroso de la rabia, sino para que la memoria no sea sustituida por el olvido ni por versiones cómodas de la historia.

Escribo como periodista, pero también como ciudadana, como mujer, como exiliada.

Escribo porque el silencio también termina siendo una forma de complicidad.

"Crónica de una Venezuela exiliada" no es solo mi historia, es la de millones que salieron con una maleta incompleta y un país entero a cuesta, convencidos todavía, de que algún día podría volverse sin tener que explicarse por qué se fueron.

LA PREGUNTA QUE ME PARTIÓ LA VIDA EN DOS:

Los momentos que cambian una vida no siempre llegan con estruendo a veces se anuncian con una pregunta sencilla, dicha en voz baja, en la sala de una casa.

Aquella tarde reuní a mis cuatro hijos frente a mí. No había discursos, ni dramatismo, solo una frase que todavía resuena en mi memoria:

¿y ahora... qué hacemos?

Dos de mis hijos eran comerciantes, además de profesionales. Habían levantado sus negocios con esfuerzo, en el mejor centro comercial de la ciudad. Miguel Ángel dirigía una tienda de tecnología, María Angelica un restaurante de comida típica que se había convertido en referencia, les iba muy bien, muy bien.

Hasta que dejo de estar permitido que les fuera bien.

Las presiones comenzaron de forma casi imperceptible: fiscalizaciones constantes, impuestos asfixiantes, controles de precios que obligaban a vender a perdida, visitas diarias de la Alcaldía, Guardia Nacional. Siempre alguien, siempre una amenazada velada.

Trabajaban más, para perder más.

No era una política económica fallida, era un método. El desgaste sistemático de la empresa privada hasta volverla inviable.

Cuando pregunte esa tarde, qué haríamos, mi hijo mayor no dudó.

"mami yo me voy, lo tengo casi listo" lo dijo con voz algo temblorosa, él jefe, guía de su familia. Se iría con su esposa y sus dos hijos menores a Estados Unidos. No como un sueño, sino como una salida.

María Angelica necesito más tiempo, tenía dos hijas pequeñas de once y trece años, pensó en el colegio. En la adaptación en lo que implica arrancar una infancia de raíz, sin otra alternativa, cerro su restaurante meses después. También se fue.

Yo decidí quedarme

Me quede en Valera con mis dos hijos, más jóvenes, me quede trabajando como periodista convencida todavía de que resistir era una forma de cuidar al país. Fundé un periódico digital para evitar presiones directas, para preservar un mínimo de libertad.

No funcionó.

Las presiones llegaron igual. Más sutiles, más peligrosas, hasta que no quedó otra alternativa que cerrar esa tribuna, ese pequeño respiro ante el ahogo del país.

Fue entonces cuando entendí que ya no se trataba de decisiones individuales, sino de un país empujando a sus ciudadanos hacia la salida.

Allí tome conciencia de que Venezuela ya había empezado a expulsarnos a todos. Fue cuando me uní a la decisión de mis hijos mayores y decidí dejar en paz a los dos hijos que quedaban en casa y podían ser víctimas como amenazas solapadas. Después de cerrar el periódico las presiones no cesaron, cambiaron de forma.

Una patrulla comenzó a estacionarse frente a la casa donde vivíamos. No había explicaciones, ni citaciones, ni denuncias formales, solo presencia. Silencio, advertencia.

Mis hijos comenzaron a ser vulnerables, posibles víctimas de manera solapada. Nada que pudiera denunciarse sin parecer exageración. Todo cuidadosamente calculado para sembrar miedo.

Entonces entendí con mucha claridad que aún nos duele, el problema no era ellos. El problema era yo.

No podían actuar directamente contra mí, sin que resultara demasiado evidente, yo era una periodista conocida en todo el estado. Cualquier acción frontal habría generado ruido, pero mis hijos no tanto así eran vulnerables. Podían convertirse en el canal de una revancha que no se atrevían a ejercer de forma directa.

Por eso tome la decisión de irme.

No para salvarme, sino para protegerlos a ellos.

Irme fue el acto más contrario a mi instinto, a mi conciencia. Dejaba atrás a mis dos menores hijos, no menores de edad, pero si los más jóvenes. Para que pudieran estar más seguros conmigo lejos, que conmigo cerca.

Alejandra, periodista, pero en relaciones públicas, sin participar en política, mientras Gabriel diseñador gráfico y creador de las portadas y contenidos de medios de comunicación y de mis propios libros, ambos ya adultos sí, pero seguían siendo mis hijos.

El miedo no era irme, el miedo era quedarme.

"Te vas a autocensurar"

Antes de cerrar definitivamente el medio, llamé a una de mis principales fuentes políticas. Era una relación construida durante años. Basada en la confianza.

"Voy a cerrar la página, me voy del país", le dije con mi corazón palpitando fuerte.

Hubo un silencio del otro lado del teléfono.

Te vas a autocensurar, me respondió, no lo dijo con rabia, lo dijo como reproche. Sentí un estremecimiento físico, esas palabras me atravesaron el cuerpo.

"Autocensura" esa palabra que jamás la consideré en mis tantos años, la sentí como una acusación injusta, era una verdad incompleta.

Autocensura, aun me suena en mi conciencia, que fuerte es para un periodista Porque hay una censura que se ejerce desde el miedo, desde la amenaza silenciosa, desde la posibilidad real de que otros paguen el precio de lo que uno escribe, o dice.

Con esas palabras y la inquietud si mi ausencia ayudara a olvidarse de mis hijos, dejarlos aparte de ese acoso, me exilie, deje al país, y sí, soy una periodista más que definitivamente quitaron del medio.

Yo Sali por un aeropuerto, desde Maracaibo, con pasaporte y visa, aun en ese momento era posible.

Mientras tanto, miles, y más tarde millones de venezolanos comenzaban a salir a pie por fronteras inhóspitas, por selvas y desiertos, por rutas que no eran caminos sino pruebas de supervivencia.

Esa otra Venezuela exiliada merece su propio relato.

Este libro también es para ellos.

MARACAIBO LA ÚLTIMA FRONTERA

María Angelica ya había cerrado su restaurante, ya había enterrado un proyecto de vida, ya había aprendido a contar el dinero. Creía ingenuamente que lo más difícil había pasado. No sabía que el último golpe no vendría del hambre, ni del miedo, sino del propio Estado.

Carlos su esposo había salido meses antes. Cruzó como si hubiera cruzado un rio de noche, con una maleta con lo necesario, llegando donde amigos que le ofrecían un sofá para pasar la noche, trabajando jornadas interminables para enviar dinero, no para lujos, para pasajes, para sacar a su familia de un país que ya no les pertenecía.

Cuando por fin llega el día de su salida, María Angelixa tenía todo en regla, todo conociendo la realidad de ese nuevo país que se instalaba en lugares claves como los aeropuertos.

Un documento notariado firmado por Carlos, el padre de las dos niñas, autorizándola a viajar con ellas.

En Venezuela eso no es un detalle menor, es una exigencia legal estricta, casi sagrada. Ella lo sabía.

Pero el aeropuerto de Maracaibo no era ya un lugar de tránsito, era una frontera interior, un control obligado.

La detuvieron

Le dijeron que el documento era falso

Que estaba escapando

Que se llevaba las niñas

La separaron de ellas.

Mientras a María Angelica la encerraron en un cuartico sin ventanas, con interrogatorios sin sentido, bajo presión. El reloj avanzaba. El avión encendía sus motores, mientras afuera en el piso sus hijas esperaban a su madre sin entender que sucedía, por qué ella no salía.

Entonces llego la cifra, el precio

200 dólares

No era multa

No era trámite

Era extorsión

O pagas o no vuelas

O pagas o tus hijas no se mueven de aquí.

María Angelica pago. No porque pudiera, sino porque una madre no negocia con el miedo cuando el miedo tiene uniforme.

Le devolvieron el documento, le entregaron a las niñas. Todo ocurrió con la rapidez cínica de quien sabe que ha ganado.

Subió al avión temblando, sosteniendo el llanto.

Se sentó, abrocho el cinturón de sus hijas.

Y allí lo entendió todo

Mamá me dijo luego, en ese aeropuerto fui violada, humillada, no por extranjeros, por mi propio país.

No lloró en ese momento, espero que el avión despegara, de estar segura de estar lejos, fuera del alcance de un estado que se adueñaba de todo. -

Venezuela quedó abajo, no como un recuerdo, sino como una herida.

Ese fue el verdadero punto de quiebre, no el cierre del negocio, no la separación familiar, la certeza de que el país que debía protegerla había decidido utilizarla como botín.

EL PAÍS SIN MUEBLES

Estados Unidos no las recibió con los brazos abiertos, las recibió con un apartamento vacío.

Carlos había logrado alquilarlo después de meses de dormir en un sofá prestado, trabajando sin descanso.

Cuando María Angelica llego con las niñas, no había muebles, ni mesas, solo paredes desnudas y un piso frio que durante muchas noches fue su único descanso.

Durmieron allí mismo en el suelo, sobre toallas y sábanas que habían traído en sus maletas. Esas maletas no eran solo equipaje, era la frontera entre lo que habían sido y lo que estaban obligados a ser.

Así pasaron los días y luego las primeras semanas.

En Estados Unidos existe una costumbre silenciosa: la gente deja en los jardines los muebles que ya no necesitan. Para muchos es basura, para otros es salvación. María Angelica y Carlos recorrían la ciudad en una camioneta prestada por un amigo. No buscaban lujos, buscaban lo esencial: una silla que no cojease, una mesa aun con sus cuatro patas, una lampara, cualquier cosa que les fuera útil en aquel apartamento que continuaba vacío.

Así amueblaron su primer hogar:

Objeto por objeto, historia por historia

Ambos son profesionales, Carlos un vendedor excelente con una trayectoria impecable y varios premios en su haber. María Angelica Licenciada en Administración de Empresas, al momento de decidir entre ir o quedarse, ocupaba el cargo de directora de un instituto tecnológico. Nada de eso importaba ahora.

En este país donde te rehúyen la mirada, era inmigrante, su primer trabajo fue como valet parking, acomodar carros en centros comerciales, clubes, o en evento especiales.

Bajo lluvia, frio, jornadas interminables, sin navidades, sin celebraciones. Sin familia bien atendida y disfrutada, solo el cansancio y la obligación de seguir.

Mientras tanto las niñas permanecían en el apartamento aun sin apoyo. Aprendiendo demasiado pronto lo que significaba el encierro, la espera, el silencio, el sacrificio.

El sacrificio no terminó allí:

Después vino el delivery, repartir comida, repartir paquetes, repartir tiempo que no les sobraba. Más tarde Amazon, jornadas de reparto que empezaban temprano y terminaban tarde. Siempre juntos, si uno trabajaba, el otro también. Si uno se agotaba, el otro empujaba.

El apartamento fue cambiando poco a poco:

Uno nuevo, más amplio

Una cama de verdad

Un espacio que aumentaba

Nunca ejercieron sus profesiones, nunca dejaron saber quiénes eran, pero aprendieron a sobrevivir como podían. En ese aprendizaje se les fue parte de la vida.

Mientras no se olvidaban de la patria que dejaron casi por obligación, buscaban el momento para leer noticias buscando la esperanza de regresar, de que el país cambiara, que se tomara conciencia de la destrucción que hacían y rectificaran. Cada noticia significaba una estadía más larga, un anhelo que se alejaba.

Así aun sin metas, sin sueños de un llegar de nuevo a la casa que dejaron, a los padres y hermanos que los esperaban, la nostalgia por aquellos días de playa, continuaban repartiendo comida, paquetes, adaptándose a ese país que no era con el calor de amigos y familia de su tierra.

Las niñas crecieron, estudiaron, no fueron víctimas de burlas, ni de violencia, pero crecieron lejos de los abuelos, de los tíos, los primos, de las historias contadas en voz alta, porque el exilio también es: crecer sin raíces viables.

Yo pude acompañarlos en oportunidades durante vacaciones, verlos, abrazarlos, confirmar que seguían de pie, aunque cansados, sí, pero que no se habían rendido, aunque la nostalgia fuera diaria.

Así paso a paso, sin épica, ni discursos María Angelica y su familia fueron saliendo adelante, no porque el sistema los ayudara, sino porque no tenían otra opción

Estados Unidos no les devolvió, lo que Venezuela les quito.

Solo les permitió seguir vivos, soñando con algún día regresar a sabiendas que sus amistades y oportunidades serían otras con lo aprendido y valorando cada instante que la vida les ha dado.

Se puede decir que en esa historia, solo habrá que cambiar el nombre de sus protagonistas, porque en lo esencial así fue la vida de cada venezolano que expulsado por un régimen que los asfixiaba, llegaban a los Estados Unidos, el país que se pensaba líder de la libertad, de la amplitud, el de los brazos abiertos con aquello del "país de las oportunidades" no fue así, la realidad para muchos así no fue, ese país donde María Angelica y su familia llegó no fue nada amplio, nada receptivo, las oportunidades fueron espejismo en el desierto, se veían a lo lejos, pero se desvanecían al intentar alcanzarlas.

Y lo más duro no fue solo la escasez de oportunidades, sino la certeza de no tener ya un lugar a donde regresar.

El país que los empujó a salir, los expulso también de su memoria cotidiana, de sus afectos, de sus certezas.

Tampoco había margen para cambiar de rumbo. Los pocos recursos, el cansancio, el miedo y la urgencia de sobrevivir cerraban otras posibles salidas.

Así comenzó para muchos una vida suspendida: sin patria, sin promesas sostenida a penas por la esperanza de resistir un día más.

Conociendo esa realidad vivida en carne propia, María Angelica y Carlos más adelante, convirtieron la casa en refugio para tantos venezolanos que aterrizaban sin un claro destino y donde ellos mismos sostuvieron su propia historia.

Hasta el momento de escribir este libro, aún están lejos de la casa, lejos de Venezuela, sobreviviendo, yo junto a ellos, ayudando a sostener un sueño que ya parecía posible: un país libre.

ÉL NO TOMÓ UN AVIÓN

Salió de Venezuela como salieron miles: por frontera, él no tomó un avión, para eso no hubo ni recursos, ni la oportunidad, con una mochila ligera y una decisión pesada, cruzó Colombia luego a Ecuador y finalmente Perú. Siete días le tomo llegar, siete buses de un viaje intermitente, de esperas eternas a la orilla de la carretera, de noches durmiendo sobre piedras, con el cuerpo doblado y el miedo como almohada.

Tenía apenas 19 años, José Gregorio es su nombre, no es profesional, no llevaba títulos, ni promesas. Era obrero, era albañil, mano de obra. Y con eso bastaba para lanzarse a otro país que lo esperaba. Es el hijo de Gloria la buena señora que me ayudaba en la casa y siempre oraba a Dios por él, nunca había salido de su barrio, de su casa, de su país. Es otro de los empujados, lanzados a carreteras y selvas desconocidas como millones más de buenos venezolanos.

En Perú sobrevivió como pudo. Trabajo en lo que consiguiera, cargó sacos, levanto paredes ajenas mientras su propia vida quedaba suspendida. Vivió siete años y medios allí, marcado por una xenofobia que golpeo con especial dureza a los venezolanos.

No todos los días eran insultos abiertos, a veces era peor: miradas, desconfianza, puertas cerradas antes de preguntar su nombre, humillación solapada.

Pensó en regresar muchas veces, pero no tenía como. Los pocos recursos que había reunido se iban en una pensión modesta compartida con otros inmigrantes tan cansados como él.

Fue allí donde encontró lo más parecido a una familia, personas que lo defendieron, que explicaron que no era agresivo, era un muchacho humilde, trabajador uno más intentando sobrevivir.

A los dos meses comenzó a extrañar Venezuela. No solo el país, sino a su gente. Había dejado atrás a una familia pobre: su madre, tres hermanos menores y un sobrino. El era la esperanza económica de todos. Por eso se quedó. Por eso envió dinero cada vez que pudo.

Para aliviar esa carga su madre, aún joven de unos 37 años, trabajo también, yo misma la lleve a mi casa para los oficios del hogar, era una forma silenciosa de sostenerlo a él, de decir sin palabras: no estás solo.

Con el tiempo, la xenofobia cedió, el trabajo se hizo más estable, pero el cansancio no. Hay exilios que no se reponen con estabilidad económica, hay cansancio que no se curan.

Finalmente regreso a Venezuela. No volvió derrotado, volvió exhausto. Volvió con la juventud gastada antes de tiempo con una historia que no cabe en estadísticas ni en informes migratorios.

Es otro venezolano como María Angelica, como Carlos, como tantos que cruzaron países enteros solo para descubrir que sobrevivir también puede ser una forma de resistencia.

NO FUE IGNORANCIA, FUE CANSANCIO

Chavez no cayó del cielo

Triunfo el Cansancio

Venezuela no llego al chavismo por ignorancia, llego por cansancio.

Durante años los partidos políticos, que se decían democráticos se fueron alejando del pueblo. Gobernaban más para sostenerse como instituciones políticas que para transformar de verdad la vida de la gente.

La democracia existía en los discursos, en las elecciones, pero no siempre en la mesa, en la vivienda, en el futuro.

El petróleo, esa riqueza inmensa que debía ser bendición, se convirtió en promesa mal administrada.

La Constitución establece que los venezolanos debíamos beneficiarnos de las regalías petroleras. Eso no es una fantasía populista, es un derecho. Mi padre quien trabajo entonces en la CVP (Corporación Venezolana del Petróleo) me lo repetía con insistencia, si esas regalías se hubieran distribuido como correspondía, en un país con muchos menos habitantes que hoy, los venezolanos habríamos vivido con dignidad, en buenas casas, con excelentes servicios y oportunidades reales, sin diferencias marcadas de clase sociales.

Eso nunca ocurrió. En lugar de una transformación estructural, se ofrecieron paliativos: bultos escolares, vaso de leche, atención a las embarazadas, etc. programas asistenciales que aliviaban momentáneamente, pero no sacaban a la gente de la pobreza, no construían ciudadanía, mantenían dependencia.

Así se fue formando una mayoría silenciosa: la clase media baja y la clase humilde. Atrapados en una precariedad crónica, viendo como la riqueza del país, no se traducía en bienestar, no era pobreza por falta de recursos, era pobreza por mala administración.

Recuerdo a un profesor que lo resumía con una frase que dolía por su verdad; "Venezuela es un pobre país rico". Esa contradicción marcó generaciones.

En ese terreno fértil para la frustración apareció Hugo Chávez. No llegó con un programa económico sólido, ni con soluciones claras, pero si con un verbo poderoso hipnótico. Supo hablarle a los resentidos, a los olvidados a los cansados. Señalo culpables, prometió justicia y ofreció redención y muchos lo creyeron, no porque fueran ingenuos sino porque ya no creían en nadie más.

El chavismo no nació de la nada. Nació del fracaso acumulado de una democracia que no supo o no quiso cumplirle a su pueblo.

Lo que vino después, el autoritarismo, la destrucción institucional, el exilio, fue consecuencia de haber entregado el poder a un hombre que confundió venganza con justicia y control con igualdad.

En una conferencia que ofreció en la casa de Copei en Trujillo, el Doctor Eduardo Fernández, donde asistí como periodista para cubrir el acto, a pesar de haber sido muchos años atrás, aun en vida el también copeyano Dr. Gustavo Gabaldon, dijo una frase que nunca se me ha olvidado en referencia a la manera como se había administrado el país hasta ese momento, años antes de la llegada del Socialismo del Siglo XXI.

"En America Latina hay tres tipos de países":

El que es pobre y su gente vive como ricos: Chile

El que es pobre y su gente vive pobre: Cuba

El que es rico y su gente vive como pobre: Venezuela"

Hoy después de tantos años, la verdad que no recuerdo en que año lo dijo, esa frase tal vez mas metafóricamente, que realidad económica, aun para nosotros tiene vigencia: "un país rico y su gente vive como pobre".

Mas allá de las comparaciones concretas, que con el paso del tiempo pueden cambiar, aquella frase resumía una verdad incómoda: Venezuela, aun siendo una nación inmensamente rica en recursos naturales, nunca logro convertir esa riqueza en bienestar sostenido para la mayoría de su población.

No se trataba de una carencia de dinero, sino de una falta estructural. La renta petrolera que debía ser palanca de desarrollo se administró sin visión de largo plazo se distribuyó en programas asistenciales que aliviaban necesidades inmediatas, pero no transformaban realidades. Se calmaba el hambre del día, pero no se construyó el futuro.

Venezuela no "sembró el petróleo" como tantas veces lo aconsejó el doctor Arturo Uslar Prietri.

Esa contradicción, la de un país rico con ciudadanos pobres, fue calando lentamente en la conciencia colectiva. Genero frustración, resentimiento, y una sensación profunda de injusticia.

El problema no era solo económico, era moral. La gente sentía que el país no les pertenecía, que la riqueza se le escapaba de las manos.

Cuando apareció Chavez ese malestar ya estaba sembrado. Su discurso no creo la herida, la nombro y muchos venezolanos cansados de promesas incumplidas y de una democracia que parecía no escuchar, decidieron a optar por la ruptura, sin imaginar el precio que vendría después, lo caro que le saldría a la población esa decisión.

EL 4 DE FEBRERO

La madrugada del 4 de febrero de 1992 no comenzó con discursos, ni con consignas. Comenzó con un ruido seco, metálico difícil de identificar. Un ruido que no pertenecía a la rutina de un país acostumbrado a madrugar en paz. Mientras muchos dormían, Venezuela estaba siendo sacudida por un intento de golpe de estado que nadie había anunciado, pero que muchos sin saberlo estaban esperando.

Las calles amanecieron extrañas. La radio interrumpía su programación. La televisión mostraba imágenes confusas: soldados, tanques, rostros tensos, órdenes a medio cumplir. Nadie entendía del todo que estaba ocurriendo, pero todos comprendían que algo se había quebrado. No era solo un alzamiento militar, era una grieta abierta en la democracia.

En ese momento, el presidente de la república era Carlos Andrés Pérez. Fue él quien asumió la responsabilidad de enfrentar el intento de golpe de Estado y defender el orden constitucional. No se ocultó ni delegó, dio la cara en uno de los momentos más difíciles de la democracia venezolana.

Las imágenes transmitidas por el canal de televisión del gobierno que se trasmitían aquella madrugada quedaron grabadas en la mente de los venezolanos: tanques en las calles, soldados armados y el intento de forzar la entrada de Miraflores.

La imagen de una tanqueta golpeando sin éxito uno de los portones del palacio presidencial Miraflores se convirtió en símbolo de un país al borde de la ruptura.

Con el paso de las horas se supo que el alzamiento militar había tenido distintos resultados según las zonas del país.

Algunos de los oficiales comprometidos lograron tomar los objetivos que se les había asignado. El general Francisco Arias Cardenas asumió el control de la gobernación del Zulia, el capitán Gerardo Marquez controló el aeropuerto de la Carlota.

El único objetivo que no se logro fue el más simbólico: la toma del palacio de Miraflores. Esa responsabilidad había recaído en el teniente Hugo Chávez, y fue precisamente donde el intento de golpe fracasó.

Cerca de las 6.30 de la mañana el propio presidente Carlos Andrés Pérez habló en cadena nacional de radio y televisión anunciando que el intento de derrocar al gobierno legítimo de Venezuela había fracasado. El país estaba controlado.

Hasta ese momento, el nombre de Hugo Chavez no decía nada. No era líder político, no era figura pública, no era opción electoral. Era un teniente coronel más, invisible para la mayoría del país. Pero aquella madrugada lo coloco en el centro de la escena nacional.

Horas después apareció en TV. Vestía uniforme. Había fracasado y sin embargo hablo como quien promete.

Asumió la responsabilidad del intento de golpe y pronuncio dos palabras que marcarían el rumbo del país durante décadas: "por ahora no hemos logrado el objetivo".

Mientras los disparos se apagaban y el orden constitucional se restablecía, algo distinto comenzaba a tomar forma en el imaginario colectivo. Para muchos aquel hombre no era un golpista derrotado, sino alguien que había tenido el valor de enfrentarse a un sistema que consideraban agotado. El fracaso militar se transformó en victoria simbólica.

Ese día sin que el país lo supiera, nació un mito.

Y con él la idea peligrosa de que la democracia podría interrumpirse si la causa parecía justa.

LA MÚSICA COMO SILENCIO IMPUESTO

Eran las 5 de la mañana cuando mis hijos despertaron sobresaltados, por el ruido de motos, sirenas y gritos en las calles. Nuestra residencia ubicada en la Avenida Bolivar, la principal, la que comunicaba con los pueblos aledaños, se había convertido desde temprano en un corredor de vehículos oficiales.

Eran demasiadas sirenas, demasiado ruido.

Los chicos, asustados, yo también.

No sabía si quedarme con ellos o salir corriendo a la emisora, a las 7 de la mañana debía salir al aire, y sabía que, en una situación como aquella, mi ausencia también diría algo.

Efectivamente, serían las 6.30 aproximadamente cuando el señor Carlos Rumbos, propietario de la emisora, ya en los estudios, me llama para pedirme llegara lo más pronto posible a la emisora ubicada precisamente en la avenida donde desde hacía horas circulaban motos y carros con sirenas encendidas.

Deje a mis hijos con la recomendación de mantenerse en casa. No asistir a sus colegios y esperar a las 8 a la señora Victoria, quien trabajaba en casa. Sali con una mezcla de urgencia y miedo que no había sentido antes.

Llegué a Radio Valera, emisora con mayor sintonía en la ciudad. Allí me esperaban Carlos Rumbos, el director de la radio y el Gobernador del Estado, el Dr. José Méndez Quijada, quien acompañado por unos de los directivos de su despacho decidían la salida al aire del programa o esperar los acontecimientos.

No había ordenes claras, no había certezas. Fueron momentos de mucha incertidumbre, poco a poco la emisora recibía a personajes de la política tanto de un partido, como de otros y a la final decidieron cubrir la hora del programa con música, música que permaneció durante toda la mañana y parte de la tarde.

Ese silencio de programas de opinión fue sin duda una señal, sin que muchos lo entendieran todavía. El miedo la incertidumbre y la autocensura se había instalado y aquel intento de golpe comenzaba a mostrar que no solo se trataba de un quiebre militar, sino del inicio del final nada favorable para los partidos tradicionales y para la democracia que conocíamos.

Aquel silencio impuesto y sustituido por música, me dejó una sensación amarga. Como periodista entendí que no siempre se calla por cobardía, a veces se calla por miedo, por incertidumbre, por responsabilidad mal entendida. Pero como ciudadana sentí que le había fallado a mi pueblo, que en un momento cuando Venezuela necesitaba orientación, preguntas, palabras claras, lo único que recibió fue música. Y ese vacío más que cualquier discurso, me hizo comprender que algo grave comenzaba.

Ese pueblo nunca supo que yo no calle por cobardía, ni por

miedo. Calle porque me obligaron a callar. El micrófono me fue negado. Tenía al Gobernador del Estado en el estudio y estaba dispuesta a entrevistarlo, a

preguntar a ofrecer explicaciones en medio del desconcierto. No se me permitió.

Aquel silencio impuesto me dejo una herida que todavía reconozco.

Como periodista entendí, por primera vez de manera brutal que la censura no siempre llega con órdenes escritas, ni con amenazas explicitas, a veces se instala como una decisión "prudente" como una música que remplaza a la palabra.

Como ciudadana supe que algo grave estaba comenzando en un momento cuando Venezuela más necesitaba voces, preguntas y verdad, lo que recibió fue silencio

Desde ese día, nació la periodista que ya no volvió a confiar en el sistema como antes.

LA PREPARACIÓN DE UN PROYECTO

Durante los dos años que Hugo Chavez permaneció detenido, el país no estuvo en pausa. Aunque el presidente Rafael Caldera electo democráticamente, el clima político comenzó a cambiar de forma silenciosa, pero persistente. Aquella detención no fue para él un tiempo muerto, fue un tiempo de preparación.

Chavez fue tratado como preso político y gozó de los beneficios que le permitieron mantenerse comunicado: recibía visitas, leía, conversaba, instruía. Desde la cárcel comenzaron a formarse pequeños grupos que asumieron la tarea de difundir su mensaje, de organizarse, de repetir consignas que iban calando en una población cansada y confundida.

Esos grupos no actuaban de manera aislada, se multiplicaban en distintas regiones del país. Recogían fondos, elaboraban panfletos y comunicados que eran repartidos en las calles avenidas, mercados y hasta en centros de estudios como las universidades. De esa realidad fuimos testigos y algo nos indicaba que el pueblo cambiaba, que para ellos se abría una esperanza, aquel "por ahora" que repetían como consigna.

En Valera recuerdo ver a jóvenes apostados frente a la emisora en plena avenida principal repartiendo propagandas a favor de Chavez y en contra de la democracia atacando al presidente electo y desacreditando a los partidos tradicionales.

Mientras tanto el discurso iba tomando forma, no se trataba solo de un hombre preso, sino de una causa. La ruptura comenzaba a justificarse. La violencia del golpe fallido se transformaba poco a poco en narrativa política.

Con el tiempo quedó claro que la vía armada había sido descartada. El poder no se tomaría por esa vía, sino por los votos.

La estrategia cambio, pero el objetivo permaneció intacto, llegar al poder con legitimación popular. Y así ocurrió.

Aquel proyecto gestado en silencio durante los años de prisión terminó por presentarse ante el país como una opción democrática, aunque su origen y sus métodos dijeran otra cosa.

CONTEXTO CONSTITUCIONAL

Después de dos años de cárcel, de conversaciones clandestinas, de mensajes al viento, vino una decisión que cambiaría para siempre el destino de Venezuela.

El presidente electo democráticamente Rafael Cldera tomó una decisión que nadie había esperado: otorgó a Chavez el sobreseimiento de su causa y ordeno su libertad en febrero de 1994.

A primera vista fue una decisión jurídica, a segunda vista fue una señal de cómo estaba cambiando el mapa del poder en Venezuela.

La Constitución de entonces no contemplada que un golpista no podía ser candidato presidencial, pero Caldera permitió que Chavez quedara libre sin juicio y sin condena.

Chavez se dio de baja del ejército, lo que le permitió participar en política. A partir de ese momento, nadie pudo decir que no tenía derecho a competir en elecciones.

Hubo quienes afirmaron y aun lo afirman, que ese gesto fue el primer punto real de la destrucción de la democracia venezolana que, si Chavez no hubiera sido indultado, no habría llegado a ser candidato y no habría llegado a ser presidente, cumplió con la ley y el voto una injusticia.

Lo cierto es que, en esos pasillos políticos en esas decisiones tomadas lejos de la mirada popular, se estaba escribiendo la historia que yo, como periodista, más tarde tendría que contar.

UNA HISTORIA QUE CONTAR

Durante años conduje mi programa, en una emisora y en otras, según se me permitiera hablar con la verdad y de acuerdo con mi conciencia ciudadana, mi objetivo fue siempre el mismo: darle voz a quienes no la tenían

Los barrios, los sectores populares, los vecinos que llamaban para plantear sus problemas y necesidades encontraban en mi micrófono un lugar donde eran escuchados. Jamás pensé en política al hacerlo, pensaba en justicia, en ayudar, orientar.

Sin embargo, con el tiempo comprendí que mis palabras también tenían efecto, al visibilizar sus problemas al mostrar que el sistema ignoraba a muchos, sin querer contribuí a que ese pueblo buscara alternativas, un cambio profundo.

Lo más lejos en mi intención era que esa alternativa llegara en la forma de un personaje como Chavez con ideas tan radicales y métodos cuestionables.

Esa distancia entre intención y efecto fue para mí una lección que no he olvidado. Pero, así mismo reconozco que esa tribuna al pueblo en mis programas no hubiera existido si ese pueblo hubiera sido atendido de mejor manera, con más sensibilidad, con más sinceridad de los políticos de turno y sus problemas no tendrían necesariamente que ventilarse en programas de radio, para conseguir la solución. Es decir, programas como el mío, no hubieran existido con gobiernos mejores, utilizando los recursos con visión de futuro que permitiera a esa clase humilde ascender, superar sus realidades y no tener que acudir a medios de comunicación como la radio, como un aliciente a sus crueles realidades.

CHAVEZ CANDIDATO

Sin necesidad de unas elecciones primarias, Chávez se lanza como candidato presidencial en el 1998 luego de una jornada silenciosa en las masas populares como preparación para la campaña electoral.

Recorre el país en varias oportunidades. En una de ella visita al Estado Trujillo, específicamente en la ciudad de Valera donde acude a nuestro programa de radio en horas de la tarde.

Desde el instante de estar frente a mí, sentí que aquel hombre era muy diferente, trasmitía miedo, pero a la vez respeto. Creo que de no haber sido por mis años de experiencia y la seguridad que da el largo recorrido por diversas etapas de la vida, no habría podido entrevistarlo como lo hice.

Al tenerlo frente a frente, no pude evitar sentir algo extraño frente a él, su presencia era magnética, y al mismo tiempo intimidante. Había entrevistado a muchos gobernadores, diputados, candidatos, lideres, pero ese lenguaje corporal de Chavez tenía algo que me hizo sentir nerviosa, aunque no supiera exactamente por qué.

Sin ser tan alto, daba la impresión de si serlo, sobre todo cuando él está de pie y tu sentada frente a un micrófono. Fue gentil, caballero, con un saludo de mano y sonrisa amplia, sin complejo alguno, creo que su lenguaje corporal le decía al mundo "soy el presidente de Venezuela".

Venía acompañado de muchos seguidores, tan solo a unos 5 les permitieron entrar al estudio. Mientras nos saludamos y conversamos algo trivial, algo como "que ciudad tan acogedora, parece que tenemos buen clima" y en fin palabras más, palabras menos.

El director de cabina nos avisa que en dos minutos estaríamos al aire. Todos callamos. Llega la señal, "al aire".

Le damos la bienvenida como el candidato presidencial que ya figuraba entre los favoritos de las encuestas, mientras él sonreía con la seguridad que tenía ganada las elecciones.

Su oratoria convincente, segura, que cualquier cosa que dijera se lo creerían todos esos que veían en él la gran solución para cambiar al país para bien.

Internamente, me indican que teníamos en ese momento un rating de audiencia del 78 por ciento. Todos esperaban escucharlo, hasta en el rincón más lejano de Valera.

Mi primera pregunta fue directa, como siempre he sido en mis programas: "Señor candidato, ¿Cuál es su proyecto más importante con el que piensa iniciar su gestión?

Su repuesta, segura, rápida: el gas. Explicó que en Venezuela se quemaba en las chimeneas de las refinerías y él quería rescatarlo, aprovecharlo y usar esos recursos en beneficio del pueblo. Lo dijo con convicción, pero como periodista lo escuche con recelo. No era un proyecto fácil, ni a corto plazo, y fue mi repregunta, respondiéndome no ya con buen tono, cambiando la sonrisa por unos labios que se mordía suavemente, que en dos años él me demostraría todo lo que haría en un país en manos de una oligarquía ineficiente.

Seguir en ese punto, el programa le serviría para hacerse más publicidad. Así que cambie el tema. Le pregunte por Trujillo por el acueducto que llevaba muchos años, unos 40, desde su construcción, que surtía agua a 5 municipios, con constantes cortes que afectaban las condiciones de vida de los ciudadanos.

Respondió claro y subiendo un tanto el tono que "ese acueducto sería renovado por completo", fue su repuesta tajante, sin mayores detalles. Estaba casi segura qué nada sabia sobre eso, pero repreguntar no valía la pena. Ya había dado su palabra de restaurarlo.

Pasaron muchos años, el tiempo lo juzgó, ni el proyecto del gas, ni el acueducto para Valera se concretaron en sus muchos años como presidente. Aun ambos proyectos esperan.

Promesas incumplidas, como otras tantas que marcaron su gobierno en infraestructura y servicios.

Unos años después, en una rueda de prensa en el Ateneo de Valera, lo vi de nuevo. Estuvimos frente a frente, nosotros los periodistas de pie, él sobre el escenario, como estatua imponente, soberbia. La sala llena de seguidores, aplaudían por cada frase altiva que decía.

Allí pregunte si pensaba acabar con la estructura política del país y respondió de manera rápida y contundente: Sí, con una constituyente.

Ese proyecto, si lo cumplió rápido: convoco a la Constituyente que reescribió la carta magna en 1999. Las obras para el pueblo de Trujillo aun en espera, el gas continuaba quemándose en las chimeneas

NUEVO CICLO POLITICO

Con la nueva constitución aprobada por abrumadora mayoría el 15 de diciembre de 1999, Venezuela entró a su nuevo ciclo político. La carta magna decretaba que todos los poderes debían someterse a la elección.

Así el 30 de julio del 2000 se celebraron elecciones presidenciales y legislativas que relegitimaron formalmente los cargos.

En aquella mega jornada electoral Hugo Chavez fue ratificado como presidente por un nuevo período, bajo la nueva constitución.

En paralelo su movimiento y aliados obtuvieron mayoría significativa para controlar e impulsar leyes y estructuras del estado según su visión. Estos resultados no significaron que tuvieran todos los escaños o el control absoluto desde el primer momento, pero si les dieron el poder político necesario para avanzar en su proyecto de transformación institucional y social.

Fue en este contexto con un presidente legitimado por las urnas y un parlamento afín en construcción, que se produjo mi primer encuentro con Chavez ya como candidato reelecto, consolidado.

Este año 2000, marcó un hito en mi carrera como periodista y fielmente demócrata.

Mientras Hugo Chavez se relanzaba a la presidencia bajo la nueva constitución, en los estados también se organizaban elecciones regionales que, en apariencia ofrecían alternativa opositora.

En Trujillo esa alternativa tenía nombre y apellido: Gerardo Marquez uno de los militares del 4f.

Yo no hablo desde lejos, habló desde el mismo centro de ese proceso. Fui la jefe de prensa de su campaña, contratada por tres meses. Yo convencida de que representaba un quiebre con el chavismo, creí como muchos que se trataba de un militar que había rectificado que había tomado distancia de Chavez y que ahora defendía a la democracia.

Con el paso del tiempo, la historia mostro otra cara. Aquellos supuestos adversarios provenían del mismo origen, los mismos hombres, las mismas lealtades, distintos discursos. La oposición debilitada necesitada de figuras termino apoyando candidaturas que nunca rompieron realmente con el poder que decían engendrar.

Fuimos sin saberlo tontos útiles de una estrategia que se legitimó con nuestros propios votos y nuestra buena fe.

Hoy años después Gerardo Marquez es el gobernador de Trujillo impuesto a dedo. El poder nunca cambio de manos simplemente se recicló. Entonces entendí que el año 2000 no solo gano un silencio, sino que cerró definitivamente una puerta.

Ese año 2000 no fue una elección, fue una escenografía, un teatro.

La oposición que se presentó no lo era.

Era el mismo poder disfrazado, simulando un conflicto inexistente, un teatro político cuidadosamente montado para que el pueblo creyera que aun había alternativas, cuando en realidad todas las puertas ya estaban tomadas desde adentro.

Ese año marco el inicio de una estrategia que luego se repetiría sin pudor: crear adversarios ficticios, dividir para controlar, confundir para gobernar. No fue ingenuidad colectiva, fue manipulación deliberada. Y muchos lo entendimos tarde, cuando ya el sistema había aprendido a perpetuarse a sí mismo.

A las siete de la noche de ese proceso de elecciones, se conocieron los resultados. En el estado Trujillo Gerardo Marquez había perdido frente al candidato oficial, Gilmer Viloria, quien buscaba la reelección.

¡No! Dije en voz alta, en aquel jardín frente a la sede de la campaña electoral, lo repetí varias veces. ¡No, no puede ser, Trujillo no voto así! ¿Por qué no protestan? En paralelo su movimiento y aliados obtuvieron una mayoría significativa en la Asamblea Nacional.

¿Gerardo por qué no exiges un reconteo? ¿Por qué aceptas esos resultados?

Había convicción en mis ingenuas palabras. Yo aun creía en la lógica, en esa lógica democrática, en el derecho al reclamo, en la transparencia electoral. Aun no comprendía el guion completo de esa obra.

Gerardo se me acercó, me coloco su mano en el hombro y me dijo en voz baja: "tranquila Thamar, no te compliques la vida"

No hubo rabia en su voz, no hubo sorpresa, no hubo indignación, solo una aceptación dócil, casi cómplice.

Hoy tantos años después comprendo el verdadero significado de esas palabras. No era un consejo, fue una advertencia. Un mensaje cifrado, una confesión involuntaria.

"no te compliques la vida" significaba, no preguntes, no indagues, no te rebeles, no mires detrás del telón.

Porque el resultado ya estaba pautado.

Porque la derrota también era un acuerdo

Porque perder era solo la otra forma de ganar.

Ese día entendí, aunque tarde, que el fraude más profundo no estaba en las actas, sino en la puesta en escena, en el teatro montado.

La verdadera trampa no era alterar los números, sino fabricar la ilusión de una competencia que no existía.

Y así mientras yo defendía con pasión una democracia herida, otros ya habían firmado su rendición o su beneficio.

Al día siguiente caminando por la avenida Bolivar de Valera, todavía con la decepción clavada en mi cuerpo, me encuentro con un amigo, Damian Milano dirigente del partido Bandera Roja, aun allí no estaba aliado al chavismo.

Le conté lo ocurrido la noche anterior, mi rostro lo decía todo.

El me escucho en silencio y luego me dijo algo que no lo supe interpretar:

"Thamar lo peor no es la derrota de Grerardo"

¿A qué te refieres?

"Lo peor es que ahora sacar a esta gente del poder va a costar muchos años y sangre, muchas vidas"

Esas palabras me provocaron un escalofrío, un estremecimiento que me hizo tambalear en aquella acera, Damian me sostuvo.

Explica, le exigí

"El tiempo te lo ira diciendo, pero ahora si es difícil salir de esto"

Años pasaron, ahora escribiendo estas líneas entiendo esas palabras, Damian también formaba parte de esa estructura política de aquellos tiempos, había entendido mucho antes lo que yo apenas comenzaba a intuir.

Aquello no fue una derrota electoral, era el inicio de un evento histórico.

Ese año 2000 no solo cerró la puerta: echo el cerrojo.

AÑO 2002: GOLPE A CHAVEZ

El golpe a Chavez en el 2002 es uno de los hechos más decisivos en la historia política venezolana.

Ese día, el 11 de abril, amplios sectores de la oposición y una fracción de las fuerzas armadas lograron derrocar a Chavez al aceptar la renuncia a su cargo bajo la fuerte presión ejercida por militares y personalidades del sector económico del país.

En ese mismo día, fue detenido, sacado del palacio de Miraflores, trasladado fuera de la capital, a la Isla la Orchila donde estuvo fuertemente custodiado.

Pedro Carmona Estanga, presidente de Fedecámaras, se autoproclamó presidente de la República y de inmediato disolvió todos los poderes: Asamblea Nacional Legislativa, el Tribunal Supremo de Justicia y a la Constitución misma en los que muchos percibieron como un intento de reconfigurar el poder político del país.

El fiscal general Isaias Rodríguez, en mensaje al pueblo por los canales de televisión, lo señaló como dictador al disolver todos los poderes y auto proclamarse presidente.

Esa propuesta aceptada por otra parte de los militares y sociedad civil, con el poder popular clamando por el regreso de Chavez, Carmona Estanga reconoció su terrible error, huyendo del país hacia Bogotá, Colombia, unas 48 horas después.

Esa movilización de sectores populares leales, la falta de apoyo incluso dentro de un sector de las Fuerzas Armadas que no habían apoyado el golpe y la acción militar que se mantuvo fiel a la Constitución, Chavez fue restituido en el poder el 13 de abril de ese mismo año 2002.

Ese retorno no solo marco una profunda polarización del país, sino que también se intensifico la desconfianza, el miedo y las tácticas de control social que vendrían después.

Tras ese golpe en el 2002, y el regreso de Chavez al poder se inició una intervención política directa en instituciones estratégicas del país.

Allí se incluyó en esa nueva forma de control a PDVSA donde fue nombrado presidente el general Guaicaipuro Lameda Montero, el primer militar en dirigir la empresa.

Su designación fue un claro mensaje del ejecutivo sobre la orientación política que se esperaba en la compañía.

Aunque el general Lameda renuncio por diferencia sobre la gestión de la empresa, este episodio marca el inicio de un control político sobre la columna vertebral de la economía venezolana, control que se profundiza en los años siguientes.

El general Lameda Montero, se retira del entorno de Chávez con tan poco tiempo al frente de PDVSA por desacuerdo sobre las intenciones del régimen que fueron expuestos en una reunión de ministros donde participo y allí mismo dejo sentado que se alejaba de ese proyecto planteado a 30 años, tiempo para adoctrinar al pueblo. renunciando al cargo que le habían otorgado.

Mientras Chávez se consolidaba como el líder único del país, los partidos políticos democráticos tradicionales progresivamente avasallados, debilitados y desplazados del espacio institucional: Acción Democrática, Copei. Primero Justicia, Un Nuevo Tiempo y Voluntad Popular, comprendieron que actuando de manera aislada resultaba imposible enfrentar un poder que ya comenzaba a concentrarlo todo. Fue en ese contexto cuando surgió el primer gran intento de unidad opositora, conocido como Coordinadora Democrática, creada en ese año 2002 como frente amplio que agrupó partidos, sindicatos, organizaciones civiles y sectores sociales contrarios a Chavez.

La Coordinadora Democrática tuvo un papel central en los años de mayor concentración política y social especialmente entre los años 2002 y 2004 y fue el principal vínculo de la oposición durante el proceso que culmino en el referendo revocatorio de agosto 2004. Sin embargo, tras ese evento y en medio de divisiones internas la Coordinadora Democrática se disolvió, dejando nuevamente a la oposición fragmentada y debilitada frente a un poder cada vez más autoritario.

Años más tarde tras aprender esa experiencia fallida y ante la necesidad urgente de reconstruir otra alternativa democrática, pensando en los procesos electorales que se acercaban, los principales partidos opositores decidieron reagruparse nuevamente bajo una nueva estructura y el 23 de enero del 2008 nació la Mesa de la Unidad Democrática (MUD) una coalición que reunió a la mayoría de las fuerzas políticas democráticas con el objetivo de presentar una estrategia común como opción electoral, mientras Chávez había dejado bien claro su carácter hegemónico.

AÑO 2004: LISTA TASCON

Las gestiones y políticas que implementaba Chavez poco a poco fue caldeando los ánimos en la clase media alta, y media baja viendo en peligro la libertad del país, los partidos democráticos se unieron, cada uno por su lado, en nada les favorecía frente a un Chávez cada vez más sólido entre la mayoría de la población.

Años después en 2004 llegó la llamada Lista Tascon.

Millones de venezolanos habían firmado amparados en un derecho constitucional: solicitaron un referéndum revocatorio contra el mandato del presidente Chavez. No fue un acto violento, ni clandestino. Fue una expresión cívica publica y legal.

Sin embargo, esas firmas nombres, cedulas, voluntades, fueron convertidas en un instrumento de castigo político.

Fue el inicio claro, evidente, de una represión contra el pueblo dando sus primeros pasos.

Quienes aparecieron en esa lista comenzaron a pagar un precio silencioso, pero devastador. Despidos, negación de empleos, de créditos, tramites imposibles, puertas cerradas sin explicación. La disidencia dejo de ser opinión y paso a ser una marca, casi enemigos del régimen.

Con la lista Tascon, el poder dio un paso más allá, ya no bastaba controlar las instituciones, ahora se vigilaba y sancionaba al ciudadano común. Fue el inicio de una persecución administrativa que empujo a miles al exilio y condeno a otros tantos a la supervivencia dentro de su propio país.

Paralelamente comenzó a instalarse un lenguaje de desprecio sistemático contra todo aquel que se opusiera al chavismo.

A quienes disentíamos se nos empezó a llamar: escuálidos, vendidos, apátridas, traidores, oligarcas. No era solo retorica política, era una estrategia de deshumanización y división social.

Antes de castigarnos había que reducirnos. Antes de excluirnos, había que ridiculizarnos, ese lenguaje fue preparando el terreno para lo que vendría después.

La lista Tascon no nació en el vacío. Nació en un país donde disentir ya había sido convertido en motivo de burla, de sospecha y de señalamiento público. El menosprecio precedió a la persecución.

Con la lista Tascon no comenzó la represión física, fue su formalización.

Ese fue el momento cuando disentir se volvió un insulto.

MEMORIA MORAL

Si la lista Tascón afectó a muchos venezolanos a lo largo y ancho del país, en el estado Trujillo, fue una debacle, un terremoto que estremeció a la población en una región agrícola y donde la mayoría de sus ciudadanos se refugian en los organismos del estado como principal fuente de empleo.

Vimos con gran tristeza en los sectores más populares llorando en las puertas de la gobernación, de las alcaldías, de la propia asamblea legislativa, a cientos de ciudadanos con pancartas, huelga de hambre en las plaza Bolivar, y en las principales calles de Valera y Trujillo capital, rogando regresar a su puesto, que cesaran los despidos, vi pancartas pidiendo perdón a Chavez y al entonces gobernador Gilmer Viloria, obteniendo como repuesta los anti motines, a la Guardia Nacional y a las policías municipal, arremetiendo contra esa gente humilde de corazón, pero también humildes económicamente.

En nuestro programa de radio dedicamos horas enteras en esta denuncia que, con cada historia, con cada injusticia a esa gente de Caja de Agua, de los Sin Techos, y barrio el Milagro, acudían a una de las pocas voces que quedaban para defenderlos, pedir justicia y cese a tanta maldad contra esos trujillanos que no se lo merecían.

Ellos, los de la cúpula nacional, se regocijaban diciendo que Trujillo era el estado más chavista del país, su bastión popular, y así era en realidad, mientras abusaban de ellos, de su ingenuidad y su inocencia, con medidas como esas de la Lista Tascon, llegaría la debacle en el Central Azucarero Motatán, en Cemento Andino, y en Agro Isleña.

Voces como la mía que siempre estuvo al servicio de esos pueblos y sectores populares, la callaron, paseaba mi programa de radio en radio, de horario en horario, hasta que todos los medios por presión de las Alcaldías y CONATEL, acallaron mi voz y más tarde también mi periódico digital, empujándome al exilio.

Así entendí que en Trujillo ya no solo se castigaba al que firmara, sino también al que contaba lo que estaba pasando.

Ese fue el inicio del destierro. No anunciado, no oficial, pero real.

El comienzo silencioso del éxodo de miles de trujillanos que entendieron que quedarse significaba perderlo todo: el trabajo, la voz, la dignidad o algo aún peor...

CIRCULOS BOLIVARIANOS

La lista Tascon y los insultos habían marcado la primera etapa de la represión, el desprecio, la discriminación y el castigo administrativo. La segunda etapa no tardó en llegar.

Aparecieron entonces los Círculos Bolivarianos. Su nombre hermoso, poético, casi romántico: defender la patria, la libertad, la revolución. Al inicio parece un programa de educación ciudadana y organización comunitaria.

Pero pronto se convirtieron en lo que hoy conocemos como Colectivos. Vigilaban barrios, informaban sobre opositores, sus vecinos y hasta en la misma familia, controlaban los sectores enteros de la población.

En la Lista Tascon castigaba la firma, los Círculos Bolivarianos castigaban la voz, la expresión, la independencia.

El miedo dejo de ser implícito, se volvió cotidiano, tangible, cercano.

La represión ya no era solo administrativa, se convirtió en vigilancia, en presión social, en amenaza directa.

Allí el pueblo comprendió que disentir ya no era solo un riesgo económico o laboral: disentir podía costar seguridad, tranquilidad y hasta la vida misma.

Así poco a poco, bajo un estricto plan bien concebido, se instalaba una dictadura, mientras el país miraba todo aquello como desde una tribuna, sin poder hacer otra cosa que aplaudir, o claudicar, y al hacerlo iba preparando sus maletas para tomar el camino que los sacara de esa constante amenaza, con vecinos que se convertían en enemigos por una limosna que recibían y por una escasez de alimentos y servicios públicos que cada vez los utilizaban como sometimiento, como demostración de un poder ya intocable.

CUBANOS EN VENEZUELA

Durante los años de Hugo Chavez, Venezuela estableció una alianza profunda con el gobierno de Cuba que se traduciría en una presencia masiva de profesionales cubanos en el país.

A través de programas sociales como Misión Barrio Adentro, miles de médicos, técnicos, maestros, entrenadores deportivos, y otros especialistas llegaron a Venezuela con la promesa de llevar servicios a las zonas pobres y remotas del país.

El acuerdo entre Caracas y la Habana se cimentó en un intercambio que, aunque presentado como cooperación internacional, tenía un componente económico y político potente: Venezuela enviaba petróleo a precios preferenciales a cambio de esos servicios.

Oficialmente, estas misiones buscaban acercar la salud, la educación y la asistencia a quienes lo necesitaban. Para muchos venezolanos de los barrios eso significó, al principio, atención médica gratuita donde antes no lo había.

Pero también fue un tema de controversia, en distintos momentos, sectores médicos y sociales señalaron que los profesionales cubanos no estaban debidamente acreditados en el sistema de salud venezolano y en muchos casos la coordinación entre ambas naciones opacaba la participación efectiva de los propios médicos venezolanos.

Para amplios sectores de la población especialmente más adelante, cuando la crisis se agudizó, esta presencia se sintió menos como una ayuda y más como una injerencia en la soberanía venezolana.

Historias escuchadas en la radio y contadas en los barrios hablaban de médicos, entrenadores deportivos, educadores y otros enviados desde Cuba que, más allá de las tareas oficiales, parecían formar parte de una estructura de influencia y control. Aunque estas versiones no siempre podían probarse con documentos oficiales, reflejaban una percepción popular de que el país estaba siendo transformado desde adentro.

AÑO 2013: EL FINAL DE CHAVEZ

La historia contemporánea de Venezuela no puede entenderse sin detenerse en los últimos meses de Hugo Chavez.

Allí comenzó silenciosamente una transición que marcaría el destino del país y una de sus peores etapas.

En el 2012 Chavez ya estaba enfermo. Su cáncer no era un rumor, era una ausencia intermitente, un presidente que iba y venía, un país pendiente de partes médicos, de viajes a Cuba, de silencios prolongados.

En octubre de ese año gano nuevamente las elecciones presidenciales, pero su cuerpo ya no acompañaba el poder que ejercía.

Antes de partir nuevamente a Cuba para seguir su tratamiento, Chavez hizo un anuncio que cambió el rumbo de un país: designo a Nicolás Maduro como vicepresidente y como heredero político. Fue un mensaje directo a sus seguidores. Casi un testamento público.

No habló de méritos, ni de trayectoria, hablo de lealtad y con eso bastó y justificó su decisión que Venezuela no esperaba aún.

Para muchos venezolanos ese anuncio paso como una formalidad, para otros fue una señal inquietante: el país comenzaba a ser entregado en relevo, no decidido.

LA MUERTE QUE PARALIZO AL PAÍS

El 5 de marzo del 2013, se anuncia oficialmente que Hugo Chavez murió.

Venezuela se detuvo.

Hubo llanto real, duelo sincero, multitudes vestidas de rojo, filas interminables seguidores se vieron a través de televisión, un luto que se sintió en las calles, en las casas en los trabajos y en las escuelas.

Para millones Chavez no era solo un presidente, era una figura que había redefinido la política, el lenguaje y la identidad nacional durante más de una década.

Ese día el país quedo suspendido entre la emoción y la incertidumbre. Se lloraba al hombre, pero también se temía al vacío que dejaba.

MADURO PRESIDENTE

Tras la muerte de Chavez, la constitución obligaba convocar elecciones presidenciales. Maduro era el presidente encargado como vicepresidente.

El país entro en campaña sin haber terminado el duelo.

En abril del 2013 Nicolás Maduro se enfrentó a Enrique Capriles en una elección tensa, corta y profundamente polarizada.

El resultado fue anunciado con un margen mínimo de diferencia, Nicolás Maduro fue proclamado presidente.

La proclamación estuvo a cargo del CNE (Consejo Nacional Electoral) presidido por Tibisay Lucena quien estaba como rectora principal desde el 2006.

La oposición denunció irregularidades, pidió auditorias completas. Eso no sucedió.

EL CNE cerró filas, ratifico los resultados y dio por concluido el proceso, obviando la importancia de la nacionalidad de Nicolas Maduro.

Para una parte importante del país esa elección marcó la perdida definitiva de confianza en el sistema electoral. No fue solo quien gano, sino la sensación de que ya no había arbitro imparcial.

Desde ese momento Tibisay dejo de ser solo una funcionaria electoral para convertirse en la imaginación colectiva en una de las figuras clave de la consolidación del poder.

Su permanencia al frente del CNE durante años reforzó la idea de que las elecciones ya no eran un camino de cambio, solo la confirmación de la continuidad del régimen.

EL INICIO DE UNA NUEVA ETAPA

Con Maduro en la presidencia Venezuela entró en una etapa distinta.

Ya no estaba Chavez, ni su carisma, su control en el relato, su conexión emocional con las masas. Lo que vino fue otra cosa: un poder más rígido, menos carismático, más dependientes de las instituciones controladas y de la represión.

Muchos de los venezolanos no lo supieron ese día, pero en el 2013 fue el verdadero punto de quiebre. Allí comenzó la acumulación de frustración que estallaría en el 2014.

Allí empezó la pérdida progresiva de la esperanza institucional. Allí se sembró el terreno del éxodo, de las protestas, de ruptura social.

Para cada familia, para cada ciudadano, ese año se vivió de manera distinta, pero todos de alguna manera entendieron que Venezuela ya no era la misma.

LA ESPERANZA SE APAGÓ.

Con el paso de los días y luego de semanas y meses, comenzó a instalarse otro sentimiento entre los venezolanos: la desilusión, no solo por el resultado electoral, sino por lo que vino después o mejor dicho por lo que no vino

En las calles, en las conversaciones familiares, en los comentarios de los vecinos y en los espacios públicos, empezó a repetirse una misma idea: Enrique Capriles no había luchado lo suficiente. Muchos esperaban una defensa formal del voto, una exigencia sostenida del reconteo, una presión real frente a un resultado cerrado y cuestionado algo que nunca ocurrió.

No hubo reconteo total de votos. No hubo una batalla prolongada por la legitimidad del proceso.

La proclamación se aceptó y el país siguió adelante como si nada. Con el tiempo ese silencio fue interpretado por amplios sectores de la oposición como una entrega anticipada del poder.

Mas adelante comenzaron a circular versiones. Nunca aclaradas del todo, sobre posible negociaciones, acuerdos o pactos tácitos. Verdaderas o no esas versiones calaron profundamente en una población que había puesto sus últimas esperanzas en esa elección, en Enrique Capriles. La confianza se quebró.

Para muchos venezolanos, ese fue el momento exacto cuando entendieron que no bastaba con votar. Que el sistema estaba cerrado, que incluso desde la oposición había limites que no se cruzaban y esa certeza fue devastadora.

Cuando los números no coinciden

En mi caso, la desconfianza no nació de rumores, ni de análisis políticos, nació en casa.

Mi hija María Angélica, y esto lo pueden corroborar, fue la coordinadora de un centro de votación muy importante durante esas elecciones en nuestra ciudad, en Valera, estado Trujillo. Ella vivió la jornada completa, la afluencia de votantes, el conteo, el ambiente dentro del centro, la presencia de los testigos a la hora del conteo. Para ella y para muchos de los que estuvieron allí, el resultado fue claro: Capriles ganó y ganó muy claro, no por poco.

Por eso cuando el CNE anunció los resultados oficiales, la sorpresa fue absoluta. No cuadraban con la realidad en su centro.

Esa noche no solo se cuestionó un resultado, se rompió una certeza, una confianza.

 Lo que ocurría dentro en los centros no se reflejaba en lo que se anunciaba al país. ¿Qué valor entonces tenía el voto?

Ese contraste entre la experiencia directa y el discurso oficial, para nosotros y para muchos venezolanos, fue uno de los golpes más duros. No se trataba de perder, se trataba de sentir que la verdad había sido sustituida por un anuncio. Y eso solo se lo creyó un madurismo que arrancó con mal pie y muy mala imagen ante el país y la comunidad internacional.

Su juramentación fue casi inmediata a los números dictados por el CNE, no dando tiempo a nada, al juramentarse era caso cerrado, acompañado de una oposición doblegada o tal vez acordada, esa duda aún en la mente de muchos.

Al llegara casa, María Angélica, nada comentó, llego frustrada, tanto trabajo en la campaña electoral, luego en la mesa defendiendo los votos a capa y espada, para nada, para sentirse utilizada una vez más por una dirigencia del propio partido de Capriles que se mostró débil, sin explicar la razón, Venezuela le respondió, acudió masivamente a votar, con la seguridad de una victoria. No fue así lo que demostró a todos esos jóvenes y adultos que madrugaron para hacer largas colas y darle el apoyo, darle el voto.

Esa nostalgia con la que Angelica llegó a casa la transmitió a sus hermanos envolviendo a nuestro hogar en un halo de resignación con una esperanza que nuevamente se dormía en sus vidas ya con más seguridad que, para ellos jóvenes, llenos de sueños para sus pequeños hijos, no tenían cabida en ese país donde Maduro ya se había juramentado antes de dar la oportunidad de un reconteo de votos, y ante la frialdad de Capriles que nada alegó.

Allí supe que mis hijos se irían, que se sumarian a esa juventud profesional que no se veía en el mapa del país aportando sus conocimientos, ya ese no era el país próspero y de las oportunidades de años atrás.

El juramento casi improvisado de Maduro les daba una lección a los venezolanos, con votos o sin votos, yo soy el presidente de este país. Al colocarse el tricolor en el pecho muchos sentimos como ese símbolo ya no nos representaba. No solo porque el poder había sido impuesto, sino por que quien lo vestía parecía ajeno al país que decía gobernar. Para una gran parte de Venezuela, aquel tricolor no era el de su verdadera lealtad, ni el de una nación que él estuviera dispuesto a respetar.

Sentimos asimismo que no lo llevaba alguien que nos pertenecía, desde entonces quedó la sensación de que gobernaba un país que no sentía como propio.

AÑO 2014: VENEZUELA ESTALLO

El año 2014 no comenzó como un año histórico comenzó como se inician casi todos los años, con gente intentando sobrevivir, resolver el día a día, callar sus necesidades bajo amenaza, temor oculto. Ya algo estaba roto por dentro.

La escasez había dejado de ser un rumor y se había instalado en las cocinas, en las farmacias, en los bolsillos y en los nervios.

La inseguridad era una presencia constante y el miedo empezaba a mezclarse con una sensación nueva: el hartazgo.

Poco a poco los venezolanos, sobre todo los jóvenes comenzaban a sentirse asfixiados, sin libertad, con grandes limitaciones en sus dietas, ya comenzaban a comer lo que había, no lo que quería y que antes se podía.

Las madres desde la madrugada haciendo colas en los supermercados donde el régimen anunciaba se venderían los productos básicos: arroz, harina pan, pasta, azúcar y leche.

Sucedía casi a diario, las largas filas de esas madres superaban los pocos productos que llegaban regresando a sus casas, muchas veces, sin nada en las manos.

Fue entonces cuando Venezuela estalló, no fue un estallido planificado, ni uniforme. Fue una explosión hecha de estudiantes, de jóvenes, de muchachos que apenas comenzaban a vivir y que decidieron salir a la calle con una mezcla de rabia, esperanza y valentía.

Salieron por inseguridad, por falta de futuro, por la sensación de que el país se les estaba yendo de las manos antes incluso de haberlo tenido, de haberlo disfrutado.

Las protestas comenzaron en febrero y se extendieron por todo el país. Calles cerradas, consignas gritadas con la voz rota, banderas levantadas como escudos frágiles. Y también llego casi de inmediato la respuesta del poder: represión, persecución, silencio oficial.

En ese año murieron jóvenes que se convirtieron en símbolos sin haberlo buscado: Bassil Da Costa, Geraldín Moreno. Nombres que dejaron de ser nombres y pasaron a ser heridas abiertas en la memoria colectiva.

Muchachos que no volvieron a casa, madres que nunca volvieron a ser las mismas. Un país que entendió quizás por primera vez con total claridad, que protestar podía costar la vida.

En el 2014 fue cuando la política dejo de ser una discusión lejana y se metió en las casas.

Donde las familias comenzaron a preguntarse, si había futuro o solo resistencia, si era seguro que los hijos salieran, si valía la pena arriesgarse.

Allí en ese año pensaron en serio en irse y otros a quedarse aun sabiendo el precio.

Para mí y familia, ese 2014 no fue solo un año de protesta, fue un año de miedo, de decisiones difíciles, de conversaciones en voz baja, de noches largas y de una certeza dolorosa: Venezuela había cruzado la línea.

Así mismo lo sintieron ellos mis hijos mayores, quienes ya contaban con su propia familia y sintieron temor de no solo darles una buena educación, una seguridad que les permitieran disfrutar su familia, disfrutar su país en esos días de vacaciones en cualquier región de Venezuela con tantas oportunidades, pensaban en la seguridad para todos, con sus negocios que ya comenzaban a ser avasallados por organismos oficiales, pero también represivos con grupos delictivos que se hacían llamar Círculos Bolivarianos, pero que en realidad eran pequeñas bandas pagadas por el gobierno para intimidar y delatar las voces de protesta.

Allí comenzó sin lugar a duda, la Venezuela que jamás pensamos tener, y emigrar por la seguridad y una oportunidad sin presión, sin amenaza, sin visitas veladas que asfixiaba cada día más.

Como periodista cada vez más asfixiada sin poder ejercer libremente, perseguida por un organismo como CONATEL que se creyó dueño de medios de comunicación y en realidad así era, sobre ellos no valía la ley, la propiedad privada, la libertad de expresión, ni el libre ejercicio de la profesión.

Ese año 2014, comenzó la tragedia no solo para mi familia, sino para toda la sociedad que en un alto porcentaje ya pensaba en cerrar sus negocios, abrir sus maletas y buscar lo que día a día le quitaba su propio país: libertad, seguridad y futuro.

El 2014, el quiebre se rompió: no comenzó como un año nuevo. Comenzó como una continuación del golpe recibido.

Venezuela arrastraba la resaca de una elección cuestionada, de un poder juramentado a toda prisa y de una verdad que había sido sustituida por un anuncio oficial.

No hubo tiempo para sanear, ni para creer, solo quedo una sensación densa, compartida de frustración acumulada. Algo estaba a punto de romperse.

En las calles se respiraba cansancio, pero no resignación. El país había cumplido con su deber cívico y aun así había sido ignorado. Para muchos jóvenes especialmente el mensaje fue claro: el voto ya no alcanzaba, no era la solución. La esperanza institucional se había agotado y la rabia comenzó a buscar salida en el único espacio que quedaba libre: la calle.

Las protestas no surgieron como un plan político, sino como una reacción casi instintiva. Estudiantes, muchachos con más sueños que certeza, salieron a reclamar lo elemental: seguridad, futuro, dignidad.

No pedían poder, pedían país. La repuesta del estado no fue escuchar, ni dialogo, fue represión. Y con ella llegaron las primeras muertes, los primeros nombres que dejaron de ser noticias para convertirse en símbolos.

En ese clima de frustración de calle encendida, surgió también una figura política que decidió asumir ese descontento como bandera: Leopoldo López.

Para muchos venezolanos, su voz representó la ruptura con la espera pasiva y con la ilusión de que el sistema se corregiría solo.

Junto a otros dirigentes, planteo la necesidad de presionar al gobierno desde la calle convencido de que las vías institucionales habían sido cerradas tras las elecciones.

Su llamado conocido como "La Salida" no fue entendido por todos de la misma manera. Para algunos era una respuesta arriesgada, para otros la única posible. Lo cierto es que conecto con un sector importante de jóvenes y ciudadanos que ya no creían en promesas electorales ni en negociaciones silenciosas.

La respuesta del gobierno fue inmediata y contundente. Leopoldo López fue señalado como responsable de la violencia, perseguido público y finalmente detenido tras entregarse de manera voluntaria. ¿Acordada? Esa duda quedó allí para siempre, perdiendo no solo el apoyo, sino la confianza de una juventud que se sintió nuevamente defraudada.

Su encarcelamiento marco un antes y un después. No solo porque se sumaba a la lista de presos políticos, sino porque confirmaba que disentir abiertamente tenía un alto costo.

Con Leopoldo López en prisión, Venezuela entro en una nueva etapa: la protesta comenzaba a ser castigada no solo con represión, sino con cárcel para sus lideres.

Para muchos ese fue el momento cuando quedo claro que el conflicto ya no era solo político, sino profundamente autoritario.

A partir de allí, Venezuela cruzo el umbral. Ya no se trataba solo de diferencias políticas o de proyectos enfrentados. Se trataba de un país que comenzaba a enfrentarse a su propio limite. Para muchas familias, la mía entre ellas, ese año marco el momento exacto cuando el miedo empezó a convivir con la certeza de que nada volvería a ser igual, que el país que teníamos se había ido.

Fue en este año, el 2014 cuando no solo lo entendí, sino confirmé, que el país no solo se rompía en las calles, sino dentro de las casas, en los hogares.

Esa tarde fue cuando reuní a mis hijos en la sala de la casa, no los llame para discutir, ni para analizar discursos. Los llamé para hacer la pregunta más dura que puede hacerse una madre: ¿Hijos qué hacemos ahora? ¿Se van del país?

No hubo dramatismo. Hubo silencio, mirarse unos con otros con ojos no solo de interrogación, sino colmados de lágrimas retenidas. Sabíamos la respuesta y era dura, definitiva.

Al silencio vino mis propias palabras y dije aquello que nunca me hubiera imaginado pronunciarla a mis propios hijos ya con nietos. Les señale "vayan preparando sus papeles: pasaporte, visa, partidas de nacimiento de los chicos y demás exigencias". Era esa la primera maleta que tenían que llenar.

Como periodista y trabajar en la radio donde tantas noticias llegaban, así como políticos aun demócratas, conocían como cambiaba el país y eso que escuchaba no deseaba que afectara a mis hijos y nietos.

Sin fechas, sin boletos, pero con una certeza nueva y amarga que esa primera maleta estaría llena no de ropa sino de miedo y previsión.

Mientras tanto ellos seguían trabajando había compromisos, facturas que pagar, poner al día los documentos, todo eso requería dinero, ellos no abandonaron sus negocios aferrados a la idea de que el esfuerzo aun podía salvar algo.

Pero el país ya había decidido otra cosa. El gobierno se convirtió en el gran censor económico. Nadie podía crecer, nadie podía prosperar, nadie podía ganar sin ser castigado. Poco a poco los negocios comenzaron a perder, a asfixiarse, hasta que muchos fueron obligados a cerrar. No por incapacidad, sino por diseño, por estrategia del régimen.

La vida cotidiana se volvió una lucha impensable. La moneda se devaluaba a un ritmo que no daba tregua. Las cosas básicas desaparecían. Empezamos a madrugar para hacer colas interminables cuando se corría el rumor de que había llegado Harina Pan, arroz, papel sanitario, leche, azúcar cualquier alimento.

Era humillante, angustiante, era inhumano. Días de tragedia silenciosa, de desgaste emocional, de cansancio, que no se iba con el sueño.

Allí entendí con claridad que no era un gobierno, una democracia lo que habíamos perdido, nos habían arrebatado el país entero con todo lo que ofrecía y era nuestro. Era el país de nuestros hijos, de nuestros nietos. No se fue solo, nos lo quitaron a empujones con limitaciones extremas expulsaban al país, al inicio la huida fue lenta silenciosa, en tanto los comerciantes depositaban su dinero en el extranjero, fuga de capital que hundía aún más la ya precaria economía.

Y en ese despojo poco a poco, lento pero continuado, comenzó a dibujarse el destino de una generación entera que ya no se veía viviendo allí, tal como fue. El país se fue vaciando, multitudes se observaban en las carreteras rumbo a las fronteras. Venezuela se exiliaba.

Allí dejaban abuelos, tíos, amigos, vecinos de toda la vida, dejaban su futuro, sus proyectos y sueños. Ya eso no era posible porque ya Venezuela no les pertenecía, ellos habían ganado con trampas, con sus armas, con sus colectivos, aterrorizaban por calles, avenidas, en sectores populares infiltrados por quenes recibían sobornos en forma de bolsas de comida traicionando no solo a sus vecinos y familias, sino a su propio país.

Que dolor sentía como madre venezolana ver las imágenes de largas colas de venezolanos con bolsas y maletas, con niños en brazos de madres o en los hombros de sus padres por esas vías hacia países vecinos desconociendo que suerte correrían en un suelo que desconocían, pero era preferible al hambre, la persecución y el miedo que se instaló en lo que fue su patria.

Yo con mis hijos, aun en casa, ya no igual, comenzaba a recoger también mis cosas: la computadora donde tantas veces escribí en ese periódico digital que me inventé para no darme aun por vencida, la realidad de una Cuba, de Nicaragua, países sumidos en un sistema como el que llegaba a nuestra tierra. Allí continue, pero ahora con una patrulla al frente de mi casa, con un claro mensaje: ¡váyase!

Las bandas delictivas con banderas rojas se paseaban por el frente de centros comerciales amedrentando, amenazando y definitivamente empujando hacia el exilio, el futuro, la dignidad y la libertad de quienes entendieron esa orden impuesta en el país que se instalaba con represión y hambre.

AÑO 2015: LA ULTIMA ESPERANZA

Venezuela llegó al 2015 agotada, herida y vigilada. La calle había dejado muertos, presos y miedo. Protestar ya no parecía una opción para todos.

Pero aún quedaba una rendija institucional por donde podía colarse la esperanza: las elecciones parlamentarias.

Para muchos venezolanos esa era la última oportunidad de cambiar algo sin más sangre, sin más duelo.

El país se aferró a ese proceso con una fe contenida. No era euforia, era necesidad.

La gente volvió hacer colas, volvió a votar, volvió a creer, aunque fuera con desconfianza. En diciembre del 2015 la oposición ganó la Asamblea Nacional de manera clara y contundente. El mensaje fue inequívoco: una mayoría del país rechazaba el rumbo impuesto y quería un cambio.

Durante un breve momento Venezuela respiro. Se habló de equilibrio de poderes, de control institucional, de un futuro posible dentro del país. Muchos sentimos que por fin el voto había vuelto a tener sentido. Que el sacrificio de años no había sido en vano.

Pero esa esperanza duró poco. Antes de entregar el poder legislativo, el oficialismo se apresuró a blindarse. Se nombraron nuevos magistrados, se reforzo el control del Tribunal Supremo de Justica (TSJ) se sembraron las bases para anular desde el primer día la asamblea recién electa. La victoria existía en los números, pero el poder estaba cercado.

2015 no solo fue un año de una gran victoria electoral, fue también el año cuando Venezuela aprendió que ganar no siempre significa gobernar que incluso la voluntad mayoritaria podía ser neutralizada, y que aquella esperanza, tan cuidada, y tan frágil comenzaba otra vez a resquebrajarse.

Diosdado Cabello, el presidente de la Asamblea Nacional hasta ese momento, decide no dejar el camino fácil a la oposición que se instalaría en los próximos días como autoridades legislativa con Henry Ramos Allup como Presidente y dos días antes de asumir junto a los 120 diputados que hacían la mayoría, cambió entre gallos y media noche, los poderes del Estado: el Tribunal Supremo de Justicia, la Fiscalía, Contraloría y la Procuraduría, logrando así nuevamente el control a la hora de decisiones que le cambiarían el rumbo al país.

Lógicamente los diputados recién electos, asumen, pero no con plenos poderes, no con la libertad que se ganaron con los votos de los venezolanos, sino con un control que escapada de sus manos llevando nuevamente al pueblo venezolano a otra gran decepción a la perdida casi total de la esperanza de un cambio y pensar que Venezuela tomaría un respiro en lo económico y social.

Sucedió lo que todos ya sabían: de nada sirvió la nueva Asamblea Nacional, ellos lo volvieron hacer: ganar.

Ninguna de las leyes propuestas para mejorar al país fue aprobada, todas las tildaban de "Improcedente" "inconstitucionales" o "ilegitimas", la realidad fue esa, los venezolanos habían elegido una mayoría de diputados para nada, otra desesperanza, otra derrota moral.

Ese muro institucional frente a la nueva Asamblea Nacional les funcionó en todos los sentidos, la declararon en desacato alegando irregularidades en la juramentación de tres diputados del estado Amazonas y a partir de ese momento todas las decisiones fueron consideradas nulas. No importaba cuantas leyes se debatían, ni cuantos consensos se lograban, nada tenía efecto legal.

El desacato fue una figura jurídica más, se convirtió en el instrumento perfecto para despojar a la Asamblea Nacional de sus funciones reales. El parlamento quedo sin capacidad legislativa efectiva, sin control sobre el presupuesto nacional y progresivamente sin recursos propios.

El Ejecutivo por su parte comenzó a enviar partidas presupuestarias incompletas, excluyendo los fondos destinados a los diputados.

Así los parlamentarios electos por millones de venezolanos dejaron de recibir sus salarios. Ni por ausencia, ni por negligencia sino porque el poder decidió asfixiar económicamente a la institución que había perdido el control político en el país. Muchos diputados trabajaron durante meses sin sueldo, sin viáticos, sin recursos para viajar a Caracas.

La asamblea existía, pero estaba anulada, el voto había ganado, pero el poder no estaba dispuesto a reconocerlo. Una vez más la voluntad del pueblo venezolano no solo fue anulado también burlado convertido en desecho.

FRACTURA INTERNA: LOS CANGREJOS

La anulación de la Asamblea Nacional no solo tuvo consecuencias internacionales, también produjo un desgaste humano y ético profundo. Sin salarios, sin recursos y sin capacidad real de acción algunos diputados comenzaron a buscar salidas individuales para sobrevivir en un sistema que los había dejado sin sustento.

Fue entonces cuando empezó a gestarse una fractura silenciosa. Mientras una parte de los parlamentarios se mantuvo firme, otros comenzaron a negociar de manera discreta con el gobierno. No se trataba de acuerdos políticos abiertos, sino de arreglos prácticos: contratos, beneficios, permisos, viajes, protección económica. Sobrevivir sí, pero a un costo demasiado alto.

Para el país aquello fue otra traición, para los votantes una confirmación amarga: incluso dentro de la institución que habían elegido, comenzaban a repetirse vicios de poder que se suponía debían enfrentar.

Desde la calle el pueblo les puso nombre: "Cangrejos". Porque no avanzaban hacia adelante sino hacia los lados o hacia atrás según la oportunidad.

El terminó se volvió común, casi automático para señalar a quiénes siendo oposición, terminaban sosteniendo desde la sombre al sistema.

Algunos de esos diputados incluso viajaban al exterior, gestionaban cuentas bancarias, aseguraban su estabilidad personal mientras el país se hundía.

Entre ellos hubo representantes regionales, conocidos cercanos, lo que hizo la decepción más dolorosa. No era una traición abstracta, tenían nombres, acentos, estado de origen.

Así la Asamblea Nacional no solo fue neutralizada por el poder, fue erosionada desde adentro y el mensaje volvió a ser devastador: no bastaba con ganar elecciones, tampoco bastaba con ocupar cargos. La corrupción, el miedo, y la supervivencia personal seguían teniendo fuerza incluso en quienes habían sido elegidos para enfrentarlas.

En nuestro estado Trujillo, vivimos, participamos, apoyamos al candidato escogido por el partido Primero Justicia: Conrado Pérez Linares quien rápidamente contó con el apoyo de la mayoría, su suplente el Ingeniero Joaquin Aguilar.

Igualmente, Carlos Andrés González por la Mesa de la Unidad ganó por lista. Como suplente Emilio Fajardo.

Pasó lo que paso en la Asamblea Nacional y Conrado Pérez Linares, buscó hábilmente su nuevo camino, se olvidó de su procedencia, de su tierra, de su propia organización política y de su familia, poco a poco se fue acomodando a los hilos del poder. Buscó protección, contratos y beneficios personales, mientras que la institución que había sido elegida por miles de trujillanos quedaba vacía de fuerza y de voz. Su pragmatismo se volvió silencio cómplice y su lealtad cambio de bando sin que nadie lo viera al principio.

Fue así como pasó a formar parte de los llamados "Cangrejos" diputados que, en vez de avanzar junto a la oposición, se movían de lado o incluso hacia atrás sosteniendo al gobierno desde dentro mientras decían pertenecer a otro equipo. Su nombre, su historia, su tierra natal quedaron atrapados en la decepción de quienes todavía creían en ellos.

En contraste, Carlos Andrés González y Emilio Fajardo, también diputados por Trujillo, eligieron mantenerse firme en representación de su región, defendiendo la voz de quienes lo habían elegidos. Años más tarde ambos fueron presos políticos pagando su fidelidad por su región y por el país.

La posición de ellos fue clara: no negocian su lealtad, ni su conciencia por contratos ni beneficios personales. Ambos respetaron a la Mesa de Unidad (MUD) organización que los postuló, como al pueblo trujillano que merecían respeto y apoyo.

El ejemplo de ellos se convirtió en un recordatorio de que todavía había diputados dispuestos a resistir a pesar de la prisión, el miedo y el vacío de recursos.

Joaquin Agular tomo otra decisión, se unió a Manuel Rosales, en el partido Un Nuevo Tiempo buscando seguridad y respaldo político fuera de su base original. Estos movimientos, aunque menores en apariencia, reforzaron la percepción de que la traición y la conveniencia no discriminaban entre cargos mayores o menores: la fractura estaba en todos los niveles.

Dentro de la oposición se podían identificar distintos comportamientos: algunos preferían mantenerse al margen, esperando que los cambios vinieran desde afuera, otros buscaban visibilidad sin asumir riegos y había quienes, con actitudes oportunistas, cambiaban de bando según la conveniencia.

Esta diversidad de actitudes reflejaba la complejidad de organizarse y actuar en un país bajo presión constante.

El año 2015 fue un año de inflexión dentro del país y especialmente para quienes luchaban desde afuera y desde adentro. La oposición venezolana se enfrentó a una de sus pruebas más visibles: demostrar unidad en un contexto donde las divisiones internas y la presión del poder central eran más fuerte que nunca.

Desde afuera, muchos observaban con esperanza y desconfianza al mismo tiempo.

La realidad mostraba distintos comportamientos unos buscaban la confrontación, otros optaban por la prudencia, algunos actuaban por convicción, mientras que otros cedían al oportunismo. Así en la percepción popular y en la prensa, la calificación de "cangrejos" tomo más fuerza para quienes parecían retroceder en lugar de avanzar.

Políticamente el 2015 fue un año donde la oposición logró ciertos avances: la narrativa de cambio gano fuerza, se consolidaron liderazgos y se mostraron divisiones que marcaría la dinámica de los años siguientes.

Para quienes vivían afuera cada noticia, cada elección parcial, cada polémica interna se convertía en un reflejo de la complejidad de mantener la esperanza en medio de un país donde los hilos del poder parecían inquebrantables.

En la crónica, este año se recuerda como aquel cuando se vislumbra la posibilidad y la seguridad de buscar un cambio, pero también se evidenciaba que la unidad era frágil y que los obstáculos eran enormes. Fue un momento de tensiones interna y externas. Donde la oposición se debatía entre la acción y la estrategia. Mientras la población sufría las consecuencias de unas decisiones tomadas muchas veces a la distancia, desde el exilio.

2016: LA CRISIS SOCIAL YA INSOSTENIBLE

La crisis económica y humanitaria se volvió insostenible: escasez de alimentos, medicinas y productos básicos ya no era una molestia pasajera sino una situación generalizada.

La gente hacia largas colas para intentar conseguir lo básico para alimentarse y las medicinas esenciales.

Las medicinas desde antibióticos hasta tratamiento para enfermedades crónicas dejaron de estar disponibles en los hospitales.

El racionamiento y las dificultades para conseguir los alimentos se convirtieron en parte cotidiana de la vida del venezolano promedio.

Esa realidad fue trágica, agobiante, y sumado a eso la inflación y la caída de la economía se empeoró haciendo que los salarios no alcanzaran para nada y que cada vez menos gente pudiera comprar lo básico.

El país ya estaba en una situación de crisis prolongada y esos efectos empezaron a empujar más y más a personas emigrar, familias enteras caminando para salir del país y buscar nuevas oportunidades, nada podría ser peor que lo que se vivía en Venezuela. Cualquier otro lugar sería mejor, era el decir de ese sector humilde de la población que viajaba a pie con maletas y bolsas llenas de esperanza de cambio.

Ese año 2016 es el año cuando la crisis deja de ser solo un problema y se convierte en catástrofe cotidiana. Ya no era solo política, es la vida diaria: hambre falta de todo, pérdida de peso, inmigración y desesperanza. Fue realmente un 2016 terrible para la población.

Sumado a esa realidad, los servicios públicos, principalmente agua y luz, cada vez más deteriorados, largas horas sin luz, con neveras con comida dañada, carnicerías funcionando con plantas de gasolina, igualmente los supermercados, farmacias y demás negocios. Era una crisis total, un estallido que no se vio en las calles, ni avenidas del país, fue en las carreteras hacia Colombia, hacia Brasil, fue cuando estalló el éxodo, que comenzaron a sonar las alarmas en los países vecinos: Colombia de donde seguían hacia Perú, Ecuador, Chile, o Brasil, a donde los llevara la fuerza, la necesidad y sobre todo los muy pocos recursos que lograron reunir.

Recuerdo exactamente el día cuando comencé a preparar mi maleta de manera inmediata y así se lo comuniqué a mis hijos, quienes también habían tomado la decisión de partir con sus hijos.

No había sido un discurso político ni una noticia televisada, la razón, fue la voz de Gloria, la señora que me ayudaba en la casa, contándome lo que sucedía en su propio barrio Caja de Agua.

Me hablo de semanas enteras sin agua, la gente obligada a hacer sus necesidades en bolsas que lanzaba al cerro, porque no había agua, "no había agua señora" lo repetía con el dolor que deja la impotencia. "Lo que vivimos aquí no es vida", me dijo con sus ojos bajando la cabeza para no verla llorar, era una realidad que nadie podía ocultar, era esa tristeza de quien ya está entregado a su realidad.

Mientras ese pueblo luchaba por lo más básico, por solo sobre vivir, solamente por sobrevivir con sus hijos y abuelos, el régimen vivía a otro ritmo.

Por esas calles muchos hablaban de corrupción, de tráfico de droga y de redes como el llamado cartel de los soles, un término que usaban para describir como elementos de las fuerzas armadas y del Estado se lucraban con negocios ilegales. No existía un cartel formal, con una sola cabeza, pero si una red de poder que parecía proteger a quienes tenían acceso y control sobre rutas, recursos y dinero.

Y no era solo droga. La minería de oro en lugares remotos del país creció de manera descontrolada. Montañas de oro que parecían un tesoro enterrado, comenzaron a extraerlo sin control, con hombres armados sin proteger el desastre ambiental, de eso ningún beneficio para las comunidades locales y con ganancias que nunca llegaron a quienes pasaban hambre, necesidad y muerte.

Esa fue la Venezuela cuando dije "esto ya no da para más".

El ruido de las colas por comida, la desesperanza en las miradas, la palabra exilio dejó de sonar como idea y empezó a sentirse como necesidad. Ese fue el momento para hacer maletas. El país ya no era vivible, los venezolanos abandonados a su suerte con un régimen que nada les importaba mientras sus cuentas crecían en el país y en el exterior con los recursos de la nación que solo era para ellos.

En una entrevista que vi en un canal de televisión escuché decir a la señora Piedad Cordoba, senadora colombiana y una de las aliadas del régimen al preguntarle la periodista sobre el rumor de que ella recibía recursos en oro y demás del gobierno de Venezuela, respondió: "y que pensaban los venezolanos que esas inmensas riquezas eran solo para ellos, es para la revolución. A mí me asignaron una de las minas de oro"

Sentí tanta rabia e impotencia al escucharla, al pensar el hambre y la necesidad del pueblo, que apagué el televisor, sin tener el poder para acabar con tanto abuso y descaro. Para eso solo tenía mi voz a través de mi programa en la radio, que lógicamente no tardaron en silenciarlo tal como fue. Sus directivos fueron amenazados con cerrar la emisora.

Mi pueblo muriendo de mengua, de hambre, tristeza y abandono, ese mismo pueblo que un 4 de febrero vio en aquel militar golpista la solución no a unas necesidades como esas que vivía, pero si necesitando más ayuda dada las grandes riquezas de la nación, tiempos más tarde lo eligieron por un cambio, votaron por alguien que al fin los había visto como ciudadanos y creyeron en otra realidad, se hicieron grandes esperanzas y lo apoyaron una y otra vez en cada consulta, en cada momento que su líder los necesitara.

Nunca vieron más que migajas, de esa Venezuela millonaria. Migajas para ellos, sus inocentes seguidores y grandes riquezas para ellos y países aliados.

El país no podía con tanta miseria, salieron a buscar refugio y auxilio en países vecinos que en otras épocas vieron su futuro en esa Venezuela que ahora los necesitaba con apoyo, comprensión y solidaridad, pero no todo fue amistad y solidaridad lo que muchos encontraron en esos "países refugios" fue humillación, dolor y desprecio.

 En ese tiempo estalló el éxodo, más de la mitad del país se veía por esas carreteras, en las peligrosas selvas hacia Panamá, otros muchos en buses de país en país buscando refugio, ahogando su llanto en una incertidumbre jamás sentida.

En ese éxodo entramos nosotros, mis hijos, nietos y yo con el pesar de no poder hacer nada reconociendo que definitivamente nos vencieron, con hambre, persecución y represión nos derrotaron.

Recuerdo que en aquellos tiempos cuando aún me permitieron tener el programa en la radio, decía que a Venezuela no le pasaría lo mismo que a Cuba porque nosotros los venezolanos jamás abandonaríamos nuestra tierra para entregársela a ellos, que no haríamos como los cubanos cuando miles abandonaron la isla dejando a su libre actuar al régimen que se instalaba.

Mi lengua fue mi propio castigo, no solo el pueblo venezolano abandonaba el país, sino yo misma con mi familia, repitiéndose la triste historia de Cuba. Ese remordimiento y el recuerdo de mis palabras aun laten en mi conciencia.

Eran los días finales de ese año 2016, el peor de todos en ese camino hacia una dictadura cruel, férrea y sin escrúpulos.

EL PAÍS QUE AÚN NO SOLTÁBAMOS

El exilio nuestro no ocurrió de una sola vez, mis hijos no estaban listos para irse definitivamente, me refiero a Miguel y su esposa Francia con sus tres hijos.

En tanto Gabriel y María Alejandra con sus dos hijos, se mantenían en Venezuela mientras arreglaban sus papeles: pasaporte, visa, partidas de nacimiento de los menores y sus cedulas.

Miguel y Francia iban y regresaban, se volvían a ir y regresaban de nuevo, probaban en Estados Unidos donde los recibía María Angelica quien ya estaba instalada, pernoctaban unos meses y regresaban a Venezuela para atender lo que habían dejado atrás, tratando de salvar sus negocios, cerrar asuntos pendientes, convencerse de que aún era posible quedarse.

Pero en cada regreso confirmaban lo mismo, el país ya no funcionaba. Entonces hacían de nuevos sus maletas y regresaban donde María Angelica, unos tres meses más. En cada uno de esos viajes de ir y venir, yo estuve con ellos viví esa experiencia en carne propia, sintiendo como ellos con angustia y desesperación buscaban una salida para ellos con sus tres hijos, dos de ellos aun estudiando primaria y el mayor recién graduado de bachiller quién buscaba que estudiar, que hacer para no estancase y en esa realidad, él decide quedarse desde el primer viaje que hizo con Francia, mientras Miguel se uniría a ellos un tiempo después.

De tanto ir y venir conocíamos perfectamente el aeropuerto de Bogotá que sirvió de enlace hacia los Estados Unidos en medio de esa incertidumbre marcada con cada maleta hecha, deshecha en un país y en otro. Eran despedidas repetidas de los tíos, de mis dos hijos menores que quedaban en el país y así con la sensación de no pertenecer a ningún lugar nos duró por mucho tiempo.

Ese fue un exilio a medias, como si nadie quisiera pronunciar la palabra: definitivo.

En uno de esos viajes con Miguel y sus dos hijos menores, Francia lo esperaba en Estados Unidos, vivimos una experiencia inesperada que marcó en la vida de esos dos nietos de apenas 7 y 9 años cuando por error en los horarios entre países, perdimos el vuelo de Cucuta a Bogotá, alterando todo el viaje. De Bogotá a Miami con los pasajes comprados, debíamos estar en la capital colombiana antes de las 8 de la mañana para poder enlazar con el vuelo hacia nuestro destino final.

Ese viaje Cucuta-Bogotá, duró 15 horas en bus, con una carretera de muchas curvas y sus lógicas consecuencias tanto en ellos unos chicos y yo señora con más de 70 años, el estómago hizo lo suyo, los mareos el resto y así entre curva y curva creíamos se nos iba un poco la vida.

Al llegar a Bogotá fue como llegar al cielo. De allí a Miami, unas horas más y al fin llegar a nuestro destino que no sabíamos si era el definitivo.

Luego de dos días de conversar sobre su futuro aún decidían que hacer, llegó el momento: o nos regresábamos Venezuela para quedarnos o en Estados Unidos, la situación ya era más difícil para salir de nuestro país, pero también arriesgado entrar al otro con varios sellos de entradas y salidas.

Ahí, Miguel y familia, cerraron sus maletas en Florida, yo aun regresando para saber de mis hijos Gabriel y María Aejandra.

La gente del régimen en Valera, mi ciudad residente, no se habían olvidado de mí, estaba en la "mira" un pequeño paso en falso y pagaría las consecuencias. La duda, la incertidumbre y la angustia para mis hijos y nietos en nuestro propio país, me obligó a tomar la decisión final: hacer maletas, no por tres meses, por tiempo indefinido y en eso estoy, cumpliendo con ese "indefinido".

El país visto desde afuera

Mientras nuestras vidas transcurrían entre aeropuertos y decisiones aplazadas, Venezuela seguía su curso sin nosotros, ya no la vivíamos desde la casa sino desde la distancia a través de las noticias, de las redes sociales, de videos temblorosos grabados con teléfonos, de mensajes desesperados que llegaban de cualquier parte a cualquier hora.

Estar fuera no significó estar a salvo, del dolor, al contrario, mirar al país desde lejos fue otra forma de impotencia, cada imagen confirmaba que la decisión de irnos había sido necesaria, pero también que la herida seguía abierta.

Venezuela entraba en uno de sus años más oscuros, mientras muchos de nosotros aprendíamos a sobrevivir lejos de ella con el corazón todavía anclado allá en esa ciudad y en ese país tan sentido.

AÑO 2017: DE CRISIS A TRAGEDIA

El 2017 no fue un año más. Fue el momento cuando la crisis dejo de ser una advertencia y se convirtió en una tragedia a cielo abierto.

Cada día se hacía más difícil obtener lo básico para sobrevivir en un hogar, aquello de la crisis de papel sanitario fue realmente impresionante.

En la oportunidad que tuve de ir al supermercado Caracas, donde se decía había llegado el papel sanitario, ha sido una de las impresiones que mas guardo de esos días tan funesto.

Mujeres haladas de los pelos por un rollo y algunos rollos de ese papel. Otras enfrentadas al personal del supermercado, los gritos, las peleas fueron de tal naturaleza que cuando decido retirarme con Gabriel, mi hijo, llegaban varias patrullas policiales a controlar aquella guerra campal por un rollo o paquete de papel sanitario.

Que tristeza, que impotencia, en un país como Venezuela donde todas sus riquezas se las robaban y no conformes con eso, expropiaban, arrebataban negocios, destruían lentamente a PDVSA, la columna vertebral de la economía.

Escribir estas líneas, es una cosa, pero vivir lo que hemos vivido los venezolanos es otra muy diferente, y por ello es este libro, porque hoy al escribir en este 2026 cuando se está iniciando la recuperación de la libertad en Venezuela, está Prohibido Olvidar nuestra odisea, nuestra tragedia de 25 años.

Una de las cosas que más me impresionó y que aún me impresiona, de esta cultura tan diferente a la nuestra, es la frialdad en el trato cotidiano. Aquí la gente no te mira a los ojos. En los supermercados, en los centros comerciales, uno se cruza con las personas sin una mirada, sin un saludo, sin una sonrisa. No es desprecio, es sencillamente indiferencia.

En Venezuela es tan distinto. Allá basta coincidir en una cola de cualquier banco o supermercado, o hasta esperando un taxi, para iniciar una conversación con quien tenemos a un lado como si nos conociéramos de toda la vida. Con un, buenos días, una sonrisa y ya estábamos hablando de cualquier tema. Es ese calor humano, esa cercanía espontanea, lo primero que extrañamos y aún lo hacemos, no nos acostumbramos a esa frialdad humana de este país.

Aquí hemos aprendido que la distancia no siempre es geográfica. A veces está en la mirada que no se cruza. En el silencio que no se rompe. Es eso, el otro duelo del exilio: descubrir que la seguridad no reemplaza al afecto.

DEL PAÍS "DEMOCRÁTICO" AL PAÍS SECUESTRADO

Mientras nosotros intentábamos adaptarnos a una vida nueva, a una cultura ajena y a una cotidianidad fría, Venezuela entraba en uno de los años más duro de su historia reciente.

El 2017 fue un año cuando nuevamente el país estallo y lo hizo sin metáforas.

Desde la distancia, las noticias comenzaron a llegar como una avalancha imposible de detenerse. Protestas diarias, calles tomadas por jóvenes, madres llorando, barrios enteros paralizados. La gente salió a manifestar no por ideología, sino por supervivencia. Ya no se protestaba solo por política, sino por hambre, por medicamentos, por dignidad.

Las imágenes eran brutales. Muchachos enfrentándose con piedras a las fuerzas armadas equipadas como para una guerra. Bombas lacrimógenas, disparadas a quema ropa, perdigones, balas, jóvenes asesinados en las calles, muchos apenas comenzaban a vivir. Cada nombre cada rostro era una puñalada para quienes mirábamos desde afuera sin poder hacer nada.

Los escudos de cartón que utilizaban para protegerse se volvieron viral en imágenes por las redes y en noticias internacionales en los principales periódicos que circulaban para ese tiempo.

Ese año el régimen dejo claro que no tenía intención alguna de ceder. La represión se volvió política de estado. Las detenciones arbitrarias se multiplicaron. Muchos de los manifestantes fueron encarcelados sin debido proceso, otros torturados, otros simplemente desaparecidos por días y semanas. El método se instaló definitivamente en los hogares.

Como si no fuera suficiente, el gobierno dio uno de los pasos más graves hacia la consolidación de la dictadura: la creación de una Asamblea Nacional Constituyente impuesta. Sin un referendo, sin previo aviso, pasando por encima de la voluntad popular expresada en elecciones anteriores. Con ello se terminó de vaciar de poder a la Asamblea Nacional legítimamente electa por el pueblo.

Desde afuera, resultaba evidente que se había roto cualquier apariencia institucional. Venezuela ya no era una democracia en crisis, era un país secuestrado.

Las redes sociales se convirtieron en la única ventana para saber lo que ocurría. Videos grabados a escondidas, trasmisiones interrumpidas, mensajes desesperados pidiendo ayuda, denunciando abusos. Cada conexión a internet era un riesgo para quienes seguían adentro. Cada publicación podía costar la libertad.

Mientras tanto la vida cotidiana se volvía insostenible. La escasez alcanzó niveles inhumanos. Conseguir comida o medicinas era una odisea, los hospitales colapsaban, los servicios básicos fallaban, y el salario no alcanzaba para nada. El hambre dejo de ser una amenaza y se convirtió en rutina.

Ese 2017 termino de convencer a muchos de que no había retorno posible a corto plazo. El país que conocíamos ya no existía y los que aun resistían dentro lo hacían pagando un precio altísimo.

Desde el exilio mirábamos todos con una mezcla de culpa, rabia y alivio. Culpa por no estar allí, rabia por la injusticia y alivio por saber que nuestros hijos estaban a salvo. Era una contradicción difícil de explicar, pero imposible de negar.

Venezuela ardía y nosotros aprendíamos que el exilio no nos había salvado del dolor, solo nos había cambiado el lugar desde donde lo sentíamos.

A ese colapso se sumó una realidad silenciosa, la supervivencia comenzó a depender de quienes habíamos salido del país.

En nuestro caso a quienes quedaron en Valera, desde afuera intentábamos sostenerlos económicamente, Miguel y María Angelica como tantos otros venezolanos en el exilio, enviaban remesas para que nuestras familias pudieran subsistir. No era ayuda extra, era comida, medicina, vida.

Venezuela se había vuelto tan caótica que el salario no alcanzaba para nada. El país comenzó a sostenerse con el esfuerzo de quienes se habían ido.

Así muchas familias descubrieron que emigrar no era solo una decisión personal, sino una responsabilidad compartida.

Por eso la clase media fue empujada al exilio. No por ambición, sino para sobrevivir y poder ayudar a quienes quedaban atrás. El exilio se convirtió en una obligación moral, trabajar afuera para que los de adentro no se hundieran del todo.

LOS DOS EJÉRCITOS

Mientras Venezuela se desangra puertas adentro, era ese ejercito que resistía desde dentro, que aún no se entregaba, a su manera protestaba, sostenía al país. Mientras afuera se comenzaba a formar otro país, uno hecho de llamadas nocturnas, envíos improvisados, medicinas escondidas en maletas, insumos que viajaban en barcos, transferencias que cruzaban fronteras con la urgencia de quien manda oxígeno, era ese el otro ejército de venezolanos trabajando muy duro para sostener al que había quedado en casa. El exilio no fue una decisión planificada fue una respuesta desesperada a un país que había dejado de ofrecer futuro.

En conversaciones cotidianas, en mesas, en cocinas, en salas prestadas, hablando con los hijos ya lejos de su tierra, empezó a tomar forma una certeza: Venezuela ya no era una sola, había quedado dividida en dos fuerzas silenciosas. Una la que resistía adentro, subsistiendo entre apagones, escasez y miedo. Otra la que desde afuera sostenía a quienes se habían quedado, convirtiendo la distancia en una forma de militancia intima.

Ese doble esfuerzo, invisible pero constante no surgió del cálculo político, sino del instinto de supervivencia. Sin embargo, con el paso de los meses resulto evidente que no se trataba solo de historias personales aisladas, se trataba de mantener un país, de mantener viva una esperanza, entre dos partes de un mismo país que entendió que solo la unión, el esfuerzo conjunto los podía guiar al país que perdían, pero no totalmente.

Lo que vivíamos en lo privado era el reflejo de una fractura mayor, que tan solo el sentir el país en lo más profundo, nos hizo valorarlo, no desmayar y empujar para sostenerlo entre todos.

Para el 2017 esa fractura entre estado y pueblo se hizo pública violenta y definitiva. El dolor acumulado durante años salió a la calle. La crisis dejo de ser una estadística y se transformó en cuerpos, en protestas, en represión abierta.

El conflicto íntimo de millones de venezolanos encontró su correlato en el escenario político y el país entro en uno de los años más oscuros de su historia reciente.

2017 UN AÑO EXPLOSIVO

Enero-febrero:

Venezuela inicia el 2017 en recesión profunda, con hiperinflación incipiente, escasez generalizada de alimentos y medicinas y un deterioro acelerado de los servicios públicos. El malestar social es generalizado.

29 de marzo:

El TSJ emite una sentencia mediante las cuales asume las competencias de la AN electa en el 2015. Se consuma de facto la anulación del poder Legislativo. Y con ellos la decisión soberana del pueblo venezolano.

Abril:

Comienza un ciclo de protestas nacionales sostenidas. Las manifestaciones se extendieron por todo el país y reúnen a sectores diversos más allá de las militancias políticas.

Abril- julio

La represión se convierte en política de estado. Actúan conjuntamente cuerpos de seguridad oficiales y grupos armados civiles. Se registran asesinatos, detenciones arbitrarias, torturas y el uso de tribunales militares contra civiles.

El saldo humano fue de más 100 personas muertas en el contexto de las manifestaciones. Decenas de heridos y miles son detenidos. Muchos jóvenes quedan con secuelas físicas permanentes.

Mayo:

El presidente Nicolas Maduro convoca a una Asamblea Nacional Constituyente sin referendo previo, contraviniendo el procedimiento constitucional.

Julio:

Se realiza la elección de la constituyente en medio de denuncias de fraude, abstención masiva y rechazo nacional e internacional. Posteriormente la empresa encargada del sistema electoral denuncia manipulación masiva.

Se instala la Asamblea Nacional Constituyente queda anulada en la práctica. Se consolida la concentración total del poder.

Septiembre:

Disminuyen las protestas. No hay resolución del conflicto, por miedo, agotamiento y persecución. Aumenta el número de presos políticos y el exilio forzado.

Cierra este año 2017 el éxodo se masifica. El país queda fragmentado entre quienes resisten dentro y quienes sostienen desde afuera, son los dos ejércitos aun sin saberlo y sin ser valorados como tal.

En esa masificación del éxodo entran mis hijos, quienes dada la actitud de los lideres en ese momento de la oposición como Henry Ramos Allup mandando a votar en un proceso electoral corrompido, toman la decisión: hay que salir del país mientras se pueda, antes de que cierren fronteras tanto adentro, como en los países vecinos.

Recuerdo con claridad las palabras de María Angélica cuando me dijo, "madre nos vamos, definitivamente aquí no hay futuro ni para nosotros, ni para las niñas". Carlos aceptó y decide viajar primero para abrirse camino antes de llevarse a la familia.

Días después, Angelica, me contó que Andrea, su hija mayor, le dijo que saldría a manifestar en las próximas concentraciones en defensa de todos. Esas palabras terminaron de encender sus alarmas frente a un país que también se robaría a la juventud, al país que apenas caminaba. Eso no podía permitirse.

La decisión se tomó cuando Angelica quien siempre defendía a la oposición en los centros de votación, escuchó decir a Ramos Allup que "había que doblarse para no partirse", por lo tanto, había que participar y ganar "algún espacio". Esa próxima elección, fue la consulta para una nueva Asamblea Nacional Constituyente, en donde la abstención fue de un 80 por ciento. Esa cifra no importó, igual se le presentó al país las elecciones para la nueva Asamblea Nacional, ellos lograron un 90 por ciento de los diputados. El pueblo opositor, se mantuvo en casa todo el día, dejando a los ojos del mundo un vacío total en los centros de votación, no bastó demostrar el descontento del pueblo que deseaba cambio, no un continuismo.

Nuevamente la comunidad internacional miro para los lados. El pueblo venezolano continuaba solo en su lucha.

Es así como en la casa de mi hija y mis dos nietas, bajaron las maletas, y mientras aun había un halo de esperanzas, las hacían poco a poco, lentamente, no se iban por deseo, lo hacían por obligación, por necesidad. Tal como fue.

AÑO 2018: SE CONSOLIDA MADURO

Este año 2018 comenzó sin expectativas de rectificación política, ni institucional. Lo ocurrido en el 2017 no fue revisado, ni corregido: fue profundizado. La Asamblea Nacional Constituyente cuestionada desde su origen, continúo operando como poder absoluto, mientras la Asamblea Nacional electa en el 2015 permanecía anulada en la práctica.

Durante 2018 se consolidó un modelo de gobierno sostenido en la concentración del poder, la persecución política, el control institucional y la exclusión sistemática de cualquier disidencia real.

Las condiciones electorales siguieron deteriorándose, al tiempo que la crisis económica y social alcanzaba niveles inéditos.

La hiperinflación dejo de ser una advertencia técnica y se convirtió en una experiencia cotidiana. El salario perdió su función. El dinero dejo de representar estabilidad. La migración dejo de ser una opción y paso a ser urgencia.

Para millones de venezolanos, dentro y fuera del país. el 2018 confirmó una certeza dolorosa: el quiebre no era temporal. La salida ya no se pensaba como una ausencia breve sino una desaparición indefinida.

UN TRIBUNAL: EL TSJ SE LEGITIMÓ EN EL EXILIO

No todo en el 2018 fue solamente crisis económica y social. También se profundizó la crisis institucional, hasta llegar a formas que en pocos años antes habría sido impensable.

El 21 de julio del 2017 la Asamblea Nacional, de mayoría opositora designo a 33 magistrados para un nuevo Tribunal Supremo de Justicia, el TSJ, en sustitución de los nombrados con irregularidades por el parlamento saliente, bajo la conducción de Diosdado Cabello.

Sin embargo, esos magistrados no pudieron ejercer en Caracas debido a la persecución del gobierno., que los amenazó con cárcel por usurpación de funciones.

Ante esa amenaza, y el cerco institucional, los juristas, refugiados en el exilio, o amparados en embajadas, se juramentaron el 13 de octubre del 2017 como TSJ en el exilio, en una ceremonia celebrada en la OEA en Wahington, Estados Unidos.

Lo que ocurrió ese día fue un acto sin precedentes históricos en Venezuela, un órgano que pretendía ser el poder judicial, se constituía formalmente fuera del territorio nacional.

La figura fua adoptada por sus miembros como el "TSJ legítimo" en contraste con el tribunal oficial en Caracas al que acusaban de estar bajo el control del ejecutivo.

Este experimento institucional más parecido a un tribunal en el exilio histórico revelo dos cosas: que la crisis del 2017 no había sido un accidente, y que para el 2018 los equilibrios tradicionales del Estado venezolano ya estaban profundamente erosionados.

Este caso del TSJ en el exilio fue algo inédito, o al menos extremadamente inusual tanto en Venezuela como en la historia democráticas en general.

Nunca en la historia política del país un poder judicial reconocido constitucionalmente fue desplazado fuera del territorio nacional, y nombrado por otro poder legitimo como respuesta a una ruptura institucional. Fue un acto sin precedente en la historia venezolana moderna.

En el mundo es extremadamente inusual. Hay casos históricos de gobiernos en el exilio, por ejemplo, gobiernos europeos durante la II Guerra Mundial, y también cortes especiales creadas para juzgar crimines internacionales como los tribunales de Nuremberg o para Yugoslavia y Ruanda, pero un tribunal supremo de un estado, que se instala formalmente en otro país como repuesta a una crisis institucional interna, no tiene muchos paralelos claros en la historia reciente. Su naturaleza está más cerca de un tribunal simbólico con reconocimiento político que de un poder judicial plenamente operativo, lo cual lo hace excepcional.

El TSJ en el exilio recibió reconocimiento internacional de legitimidad por parte de organismos internacionales, y algunos gobiernos.

La Organización de Estados Americanos (OEA)reconoció su legitimidad.

El parlamento europeo.

La Federación Interamericana de Abogados.

El Grupo de Lima

Sin embargo, ese respaldo nunca se tradujo en poder efectivo dentro de Venezuela, sus sentencias no pudieron aplicarse en el territorio nacional por la negativa del régimen en aceptarlas y fueron todas ignoradas y las instituciones públicas controladas por el gobierno.

La percepción del pueblo:

Para la mayoría de los venezolanos la existencia de un TSJ en el exilio no se vivió como una esperanza real de restitución institucional. No se entendía como una solución, sino como un símbolo más del colapso del país.

En la calle el sentimiento dominante no fue jurídico, sino humano: confusión, cansancio, incredulidad, desesperanza

La gente no hablaba de legitimidades constitucionales, hablaba de comida, medicinas, de transporte, de apagones, de escasez de agua. De hijos que se iban, de abuelos que se quedaban solos.

El país no estaba en clave de derecho, estaba en clave de sobrevivencia.

Para muchos el TSJ en el exilio fue percibido como una señal más de que Venezuela ya no podía resolverse dentro de sus propias instituciones. Un poder judicial fuera del país no representaba justicia, sino distancia. No representaba protección sino fractura.

En los comentarios de calle se repetía la misma sensación: esto no va a cambiar nada. No sirve de nada. Hacen lo que les da la gana.

No era indiferencia política. Era agotamiento moral. Era la certeza intima de que ninguna estructura externa podía revertir una realidad cotidiana hecha de hambre, miedo, precariedad y despedidas.

Así mientras se hablaba de tribunales legítimos, reconocimientos internacionales y fallos simbólicos, el país real seguía hundiéndose en su crisis económica, social e institucional.

Dos planos coexistían: el de la diplomacia y el de la vida diaria y ellos no se tocaban.

En la calle, la percepción era otra. Un vecino me lo resumió con crudeza al ver las noticias:

"A esta gente no hay quien la pare. Hacen los que les da su real gana." Luego entre broma y algo molesto añadió: "Si mañana se les ocurre tumbar la Catedral de Caracas para montar un estadio, la tumban, porque Diosdado quiere jugar beisbol".

La frase causaba risa, pero no era exageración, era la manera popular de describir un poder que ya no reconocía limites, ni dentro, ni fuera del país.

UN PAÍS SOSTENIDO CON REMESAS

En esa Venezuela dejada a su suerte, mientras los políticos comienzan a negociar con el poder ahogados también en la misma vorágine que hundían al país en la peor de sus crisis, con una población que quedó atrapada en un silencioso "defiéndase quien pueda", se inició entonces una nueva etapa del éxodo, ya no solo se trataba de la salida de profesionales que dejaba desnuda a la nación de médicos, ingenieros, economistas, geólogos y demás, sino de jóvenes como José Gregorio, hijo de Gloria, la señora que me ayudaba en la casa, de Darwing González, el vendedor de perros calientes y hamburguesas de la Plaza Bolívar, de Mariale Montilla, la cajera del negocio de Miguel y así jóvenes que eran parte del sustento de sus casas, se unieron a las caravanas de ciudadanos que se veían en las rutas hacia Colombia y Brasil. Dejaban atrás sus empleos y pequeños negocios, porque el salario no estaba a la par con el costo de los alimentos, medicinas y demás insumos.

Pero el venezolano se inventaba, una y otra vez, estaba obligado a subsistir, José Gregorio al llegar a Peru nada sabía de construcción, pero aprendió a mezclar cemento, pegar bloques. Darwing llegó Ecuador sin saber que haría, empezó por barrer los frentes de los negocios en la avenida principal. Dormía en un callejón oscuro con mucho miedo, pero no tuvo otra alternativa hasta que Joaquin un venezolano que era mesonero lo llevó a su cuarto en una residencia y así de esa amistad nació nuevamente la idea de hacer perros calientes que los vendían entre los obreros de la construcción. Poco a poco reunían dinero para enviar a sus familias.

Mariale, excelente cajera, en México donde llegó entre otros que esperaban recibir la notificación para presentarse a inmigración, vivió por 3 semanas en ese refugio con muchos más venezolanos, el tiempo pasaba sin esperanza de llegar a Estados Unidos, salió de allí, busco trabajo en un restaurante lavando platos, luego fue contratada como vigilante en horas nocturnas y actualmente es asistente en la cocina de un restaurant de comida venezolana. Aún esperando la cite inmigración.

Todos ellos, como miles más, enviaban dinero a sus familias en Venezuela, y esa ayuda se transformó en las llamadas remesas, que, a su vez, permitían la entrada de dólares, euros o pesos a la economía del país.

Utilizaban el Zelle como mecanismo para enviar su ayuda a la familia, muchos directamente les cancelaban sus cuentas en los supermercados donde ya habían instalado este sistema que poco a poco se utilizó en tiendas, farmacias y hasta en consultorios médicos.

Esos exiliados que ya se contaban en millones, que eran los autores de esas remesas, ayudaron a mover un poco la economía del país, llevando un alivio a esos hogares sin sus hijos y sus nietos, siendo las remesas la justificación de sus ausencias, manteniendo la esperanza que todo se superaría para regresar a donde dejaron sus costumbres, cultura y tradición familiar.

Las remesas, ese ejército de venezolanos en el exilio, que aún mantienen a su- gente, la que no se rinde, la que mantiene el punto, definitivamente el otro ejercito dentro de su frontera.

Año 2019: JUAN GUAIDO, INTERINO

Desde el 23 de enero del 2019 cuando Juan Guaido se proclamó presidente de Venezuela en una supuesta asamblea popular, se abrió una etapa de enorme -- expectativa. Fue la primera vez en años cuando una parte considerable de la población y gran parte de la comunidad internacional creyó que un cambio profundo en Venezuela era posible.

 La casa blanca de Donald Trump reconoció a Guaidó y lo coloco como el interlocutor principal para movilizar recursos destinados a un plan de apoyo al pueblo venezolano y a las fuerzas de oposición.

Gobiernos extranjeros y organismos multilaterales anunciaron millones de dólares para ayuda humanitaria y apoyo a la transición democrática.

Estados unidos a través de la Agencia de Estados Unidos para el desarrollo internacional (USAID) destinó recursos importantes que se anunciaron como ayuda humanitaria y apoyo político.

Sin embargo, la narrativa de esos recursos fue objeto de controversias y acusaciones cruzadas, tanto dentro como fuera de Venezuela.

Durante este año 2019 y los años siguientes diversos sectores, especialmente medios afines al régimen de Maduro, acusaron a Guaidó y a miembros de su equipo de malversar o desviar fondos que supuestamente estaban destinados a la ayuda humanitaria.

Esas acusaciones señalaron que recursos gestionados por la oposición se manejaron de forma irregular o usadas para otros fines políticos y personales.

También hubo escándalos reportados sobre irregularidades en la distribución de ayuda en la frontera con Colombia, por ejemplo, algunos fondos que no llegaron a su destino original o fueron objeto de investigaciones administrativas internas.

Lo qué si quedó claro es la mezcla de opiniones y en las expectativas creadas, fue que el dinero internacional, por falta de resultados perceptibles para la mayoría y acusaciones de uso indebido contribuyó a profundizar la desconfianza popular y en el extranjero, hacia las fuerzas opositoras lideradas por Juan Guaido.

Esa situación no solo fue una crisis política, fue el momento cuando las esperanzas chocaron con la realidad dura de la fractura interna y la desilusión colectiva. Fue allí cuando el país comprendió el tamaño de su herida.

Ese día 23 de enero, los venezolanos en el exilio, nosotros en los Estados Unidos, amanecimos conectados a través de las imágenes de la televisión venezolana seguíamos de cerca ese acontecimiento cuando el propio Guaidó como presidente de la Asamblea Nacional convocó a un cabildo abierto en la Plaza Bolivar de Caracas. Allí ese pueblo lo eligió presidente interino colmando de esperanzas e ilusiones a una población dentro y fuera que hasta ese momento no creía posible salir de la dictadura de Nicolás Maduro.

Nosotros en la ciudad de Palm Beach donde vivíamos, como cientos de venezolanos en la Plaza de Lake Worth nos conglomeramos siendo la 1 de la tarde portando banderas del país y otros de sus propios estados de donde procedíamos, haciendo de aquel momento uno de los más emotivos donde incluso nos encontramos con amistades de nuestra ciudad que desconocíamos lo cerca que estábamos, como fue mi caso y el de muchos otros.

Esa ilusión nos hizo creer que regresaríamos más temprano que tarde a nuestra tierra, así nuevamente los sueños retornaron con los siguientes días, siguiendo de cerca la continuación de ese intinerato, donde depositamos la ilusión de estar en casa en un corto plazo.

La desilusión no tardó mucho en llegar, comenzamos a escuchar noticias, comentarios y opiniones de políticos reconocidos, sobre Juan Gauido señalado por desviación del dinero entregado para ayudar al pueblo y al propio movimiento encabezado por él y su partido Primero Justicia.

En nuestro caso, cerramos por un tiempo las redes sociales, los programas de periodistas venezolanos, nada queríamos saber de esa actuación y desilusión que nuevamente crecía en nuestros corazones. Pasaron muchas semanas con ese silencio en casa, apenas el hecho de mantenernos unidos como familia evitó que también nosotros colapsáramos emocional y mentalmente. Fue duro, muy duro el daño que en los exiliados logro el fracaso de un gobierno interino que tomo el camino equivocado.

Cuando la esperanza comenzó a doler:

Después del 23 de enero, Venezuela entro en un tiempo extraño, un país que esperaba, pro ya no sabía qué y cómo.

La promesa de la ayuda humanitaria se convirtió en un símbolo más de un fracaso.

Camiones, cajas, voluntarios, discursos. Todo estaba listo para cruzar la frontera. Pero la frontera no se abrió.

Las imágenes recorrieron el mundo: camiones incendiados, personas heridas, gritos, retrocesos.

La ayuda no entró y con ellos se quemó algo más profundo, la certeza de que el sufrimiento del pueblo no era un límite moral para el poder, les éramos indiferentes a ellos y a esa muda comunidad internacional.

Desde ese momento, muchos comenzaron a entender que el conflicto no era solo político, era inhumano.

El mes de marzo fue el mes de los grandes apagones. Venezuela quedó sumida en una oscuridad total durante muchos días. Sin luz, sin agua, sin comunicación. Hospitales improvisados, alimentos dañándose, personas muriendo en silencio. Hospitales funcionando en quirófanos con las luces de los celulares que un tenían carga. Una realidad jamás pensada durante la democracia.

El apagón no fue solo eléctrico, fue emocional, fue la sensación colectiva de haber sido abandonados a nuestra suerte.

El estado nada explicó, la oposición no logro responder, el ciudadano quedó solo. Venezuela aprendió a sobrevivir sin certezas.

En abril, exactamente el día 30, amaneció con rumores y termino con confusión.

Un alzamiento cívico-militar que parecía decisivo, mensajes contradictorios, luego otra vez el vacío. Se rompió definitivamente la confianza.

A partir de ese día: la gente ya no creía en nada, salía a la calle con cautela, esperaba algo, pero sin ilusión. El miedo volvió a ocupar el centro del escenario.

De mayo a diciembre, hubo sucesión de intentos sin resultados concretos:

Reuniones internacionales, comunicados, discursos, llamados a la calle cada vez más débiles. Mientras tanto: la economía seguía colapsando, los salarios no alcanzaban, los servicios cada vez más caóticos, la migración no descansaba, se aceleraba.

Venezuela se fue quedando sin jóvenes, sin profesionales, sin familia completas.

El país no cayó de golpe. Se fue vaciando.

El 2019 cerró, no con una derrota oficial, tampoco con una victoria.

Sino cón algo peor: el cansancio profundo de un pueblo que había apostado todo y volvió a perder.

Ya la herida del país no era solo por su tamaño, no por su política, sino emocional, social y humana.

El mes de marzo de este año, fue uno de mis regresos al país al cumplirse el plazo sellado en el pasaporte, en esa oportunidad estuve con mis dos hijos Gabriel Fernando quien había regresado de una estadía de 4 meses en Medellin, Colombia y con María Alejandra, quien nos ofreció su casa para esos días, así vivimos en carne propia la experiencia tan terrible en el país a mis 70 años, con un apagón de casi un mes que dejaba al desnudo a un régimen que nos destruía sin dolor, sin penas y ante unos organismos internacionales que cumplían lo que Chavez en una oportunidad lo dijo a sus seguidores y a todo el país: "No hagan caso a esos organismos, que no sirven para nada, son elefantes blancos" en esa oportunidad así lo decía a su gente, a su subalternos, "hagamos lo que nos dé la gana, porque nada nos harán". Así es efectivamente y así ha sido en estos más de 25 años en Venezuela. Sola siempre sola con su tragedia, su dolor e indiferencia del resto del mundo.

Esas casi cuatro semanas sin luz, los venezolanos nos reinventamos, regresamos a los años de nuestras abuelas: nos alumbramos con envases con agua y acete que sustituían a las velas cuando ellas se acabaron en todas partes, se cocinaba con leña o con carbón, el agua de lluvia era para los sanitarios, y la de botellones para nuestro consumo. Esa realidad era impensable en la tierra del petróleo, el oro y los diamantes.

Algo positivo tuvimos con esa realidad: la familia fue más unida, las conversaciones fluían cada vez más, el compartir con amor y acercamiento lo poco que se tenía en casa, los vecinos pasaron a ser más cercanos, colaboradores. Fue la Venezuela de la confraternidad y el apoyo.

Definitivamente este año 2019 nos quebró por dentro.

No terminó con un cambio político, ni con una salida clara, termino con algo más profundo y silencioso: el quiebre interior de un país.

Después de la ilusión, vino el apagón, la represión, el desgaste, la migración acelerada y el cansancio colectivo.

El liderazgo que prometió una transición no logro sostener la esperanza y el poder que oprimía siguió intacto. Entre ambos el pueblo quedó suspendido, agotado, vulnerable.

Dentro del país la gente aprendió a sobrevivir sin luz, sin agua, sin certezas.

Fuera de él, el exilio entendió que el regreso no sería inmediato, ni sencillo, ni cercano.

2019 fue el año cuando Venezuela dejo de esperar milagros.

El año cuando se rompió la fe política. El año cuando comprendieron que la herida no era solo económica, ni institucional, sino profundamente humana.

Nada volvió a ser igual después de ese año:

ni la manera de protestar,

ni la forma de creer,

ni la idea del retorno.

Con el 2019, Venezuela no se rindió, pero quedo exhausta, así cansada y herida comenzó el año siguiente.

AÑO 2020: EL MUNDO SE DETUVO: EL COVID

El 2020 llegó sin avisar, como las tragedias verdaderas:

Primero como un rumor

Luego como una noticia confusa

Y finalmente como una realidad que lo atravesó todo

Un virus desconocido paralizó el planeta entero. El COVID

Las fronteras se cerraron

Las calles se vaciaron

El miedo se volvió cotidiano

Para Venezuela ya golpeada, ya herida, ya exhausta, la pandemia no fue solo una crisis sanitaria, fue una prueba brutal de supervivencia. Un país sin hospitales,

Sin agua constante

Sin luz estable

Sin insumos médicos

Sin personal adecuado

Fue obligado a enfrentar una emergencia global con las manos desnudas.

El confinamiento no significó protección para todos:

Para muchos significo hambre

Aislamiento

Desamparo

Para otros, silencio forzado

Y para demasiados, muertes sin despedidas.

Mientras el mundo hablaba de teletrabajo, cuarentenas y ayudas estatales, aquí la realidad esa otra:

¿Cómo quedarse en casa sin comida?

¿Cómo lavarse las manos sin agua?

¿Cómo cuidarse cuando ya no quedaba nada que proteger?

La pandemia como espejo del colapso venezolano:

La pandemia no creó la tragedia venezolana: la desnudó.

El virus llego a un país que ya estaba enfermo desde hacía años:

Hospitales sin insumos

Médicos mal pagados o emigrados

Ambulancia sin gasolina

Laboratorios inoperantes

Estadísticas maquilladas

y una población acostumbrada a sobrevivir sin red.

El COVID 19 solo terminó de correr el velo:

Mientras en otros países el colapso fue un riesgo, en Venezuela fue una certeza. No había margen para el error porque todo estaba ya al límite. La consigna oficial hablaba de control y prevención, pero la realidad era otra: miedo, desinformación. Improvisación y silencio.

El encierro no fue una pausa protectora, fue una olla de presión. Las casas se llenaron de angustia. Las noticias se llenaron de números sin nombres. Los hospitales se llenaron de algunos y luego dejaron de llenarse más.

El virus no distinguió ideología, pero si dejo claro algo brutal: En un país destruido, la vida vale menos.

La Pandemia, el COVID desde dentro:

Para muchos la pandemia fue una experiencia global narrada desde pantallas, para otros como yo fue vivirla completa, sin escape posible dentro del país.

Ese año no hubo viaje

No hubo salida

No hubo transición suave

Se cambiaba un drama por otro, sin descanso.

La muerte dejo de ser una noticia excepcional y se volvió vecina: amigos conocidos, rostros cercanos, personas que un día estaban y a la semana ya no. Se fueron sin abrazos, sin rituales, sin cierre.

El duelo se volvió silencioso, acumulativo, pesado.

Se lloraba a escondidas, se aprendía a tratar el miedo, se normalizaba lo inaceptable.

Y aun así la vida seguía, había que buscar comida, agua, gas, medicinas. Había que resistir mientras el mundo hablaba de "volver a la normalidad" cuando para Venezuela la normalidad hacía tiempo que no existía.

Ese 2020 fue un año de quiebre interior. Un año que dejo marcas invisibles. Un año que dejo de convencer a muchos como a mí, que ya no se trataba solo de aguantar, sino de sobrevivir para poder contar, poderlo escribir.

Y aquí estoy escribiendo hoy cuando es 28 de enero del 2026, a las 3 de la tarde desde Dallas, Estados Unidos, donde resido desde hace dos años con mi hijo Miguel Ángel, mientras María Angelica está en Orlando con sus dos hijas, su esposo Carlos y sus dos nietas, mis queridas bisnietas.

Al fin me siento con la posibilidad de hablar con la verdad nuestra, la del venezolano que fue expulsado del país y como en mi caso como periodista, no me atrevía a narrar, escribir, resguardando la seguridad de mis hijos en Venezuela, hoy estoy escribiendo este libro con toda claridad porque lo viví, lo sentí y padecí con cada amigo, cada vecino o cada conocido que fallecía porque en Valera, el hospital principal no era que no tenía los insumos para aliviar, calmar o tratar de sanar a los contagiados por el virus, era que no habían médicos como tales, atendían estudiantes de medicinas, enfermeras y camilleros. Los médicos en su mayoría estaban fuera del país, eran parte de esa Venezuela que prácticamente la dejaron a su suerte.

Me estremecía, cada vez que me anunciaban el fallecimiento de un amigo, de un vecino, de un conocido como sucedió con Carlos Rumbos quien en aquellos años era dueño y director de la emisora de radio donde vivimos aquel 4 de febrero. A lo largo de esos años siguientes, fuimos buenos amigos, consejeros uno con el otro. Murió en una clínica privada en la que en teoría no debía faltar nada. Tenía recursos, tenía acceso, tenía oxígeno, pero no tenía lo esencial: un sistema de salud fuerte.

Carlos murió asfixiado. No porque no hubiera oxígeno, sino porque no había personal capacitado para realizar un procedimiento básico y decisivo como la intubación.

De nada sirvió su fortuna, de nada le sirvió aquella clínica privada, sus equipos, sus protocolos. Murió ahogado en su propio oxígeno víctima de un país donde lo más elemental se había vuelto imposible.

Otros amigos también se fueron:

Comentaristas deportivos, dueños de librería, de ferreterías, profesores universitarios y hasta médicos. Entre ellos, el doctor Francisco Marval, excelente profesional, vecino apreciado y en tiempos de la Venezuela democráticas, alcalde de Valera. Ni siquiera el conocimiento médico, ni la experiencia, la entrega al servicio público fueron escudo frente a una pandemia que encontró al país sin defensas.

La muerte no discrimino, arraso con oficios, con trayectorias, con historias completas.

A puerta cerrada, Gabriel y yo aprendimos a estar solos. Cada uno en su espacio. Cada uno en su silencio.

El trabaja a distancia con su hermano Miguel Ángel ya instalado en Dallas y fue en esos días de encierro, de un país clausurado y tiempo suspendido, cuando mi vocación por las letras comenzó a abrirse paso con más fuerza. Empecé a escribir poemas, muchos poemas y más tarde me atreví ir más allá: escribir libros.

Ese año inicie con mi propia historia, la que luego se convertiría en la Dama Azul, un libro profundamente querido por mis hijos.

Hoy luego de varios libros escritos y publicados, en Amazon, sé que ese camino se lo debo a un encierro impuesto, a una frontera cerrada, a un país detenido y a una circunstancia extrema que me obligó a reinventarme para no quebrarme.

AÑO: 2021 CANSANCIO PROFUNDO

Si el 2020 fue el golpe brutal de la pandemia, el 2021 fue el año del agotamiento, la gente ya no estaba en shock estaba cansada, resignada, sobreviviendo en automático.

En Venezuela se sentía algo muy claro: no había estallido

No había esperanza

Tampoco había rabia organizada

Había silencio, eso fue muy poderoso narrativamente.

Nuestra urbanización siempre ha sido silenciosa, tranquila, sumado a eso el fallecimiento de varios de nuestros buenos vecinos, en esa pandemia que destruía sin discriminar a unos y otros, pasamos al hermetismo, casi a la indiferencia, todo daba igual, el no tener agua, sin servicios eléctrico por horas y hasta lo difícil para conseguir medicamentos, no alteraba nuestro carácter, impávidos, fríos en el trato y hasta en el saludo mañanero.

Aquella indiferencia, resignados a todo, acostumbrados a esa vida qué, sin faltar los recursos económicos, ya no nos afectaba, todo transcurría en una paz y en una serenidad rayando en la resignación total.

Nos han golpeado demasiado, estábamos agotados física y espiritualmente, rematando con la muerte de amigos cercanos. Definitivamente este fue un año terrible, doblegando aún más al ya cansado trujillano de a pie.

El COVID continuaba ahí, pero ya sin titulares, los hospitales seguían colapsados, pero ya nadie se sorprendía. La vacunación llego tarde, desordenada y politizada.

Vacunas chinas, rusas. Listas, carnet de la patria, favores.

La muerte se volvió estadística.

Sobrevivir ya era una destreza, el bolívar seguía desapareciendo, el dólar mandaba, pero pocos lo tenían.

Surgió una Venezuela partida en dos: la que podría pagar y la que solo esperaba pequeñas remesas o sencillamente acudían a las puertas de los supermercados a la espera de quienes salían con sus bolsas para pedirles un paquete de harina pan, un kilo de arroz o paquetes de espagueti o cualquier tipo de alimento.

Con el tiempo aquella escena dejo de sorprendernos. Ya sabíamos que estaban allí, y también sabíamos porque el país nos había enseñado a la fuerza que no podíamos seguir indiferentes. Muchas personas comenzaron a comprar algo adicional, una bolsa aparte, pensando no para dispensa propia, sino para entregarla a alguien afuera, a la más humilde, a la que miraba al suelo, a la que cargaba el peso de la necesidad, del silencio.

Yo lo hacía, preparaba una bolsa distinta, separada desde el principio destinada a quien la necesitara más. No era caridad, era conciencia, era sabernos del mismo lado de la desgracia, aunque en lugares distintos de la fila.

Con Gloria ocurrió algo más claro, yo me la llevaba al supermercado. "vamos juntas" le decía. Escoja usted los que necesite para su casa y el niño, era su nieto. Ella hacia su carrito y yo el mío. Comprábamos juntas, como tantas amas de casa lo hicieron con sus señoras de servicio. Eran esos años duros. Ya no se trataba de roles, ni de distancia social, sino de sobrevivir con dignidad y de cuidar a los nuestros como se pudiera.

Así en medio del derrumbe nació una solidaridad silenciosa, casi automática, que no salía en las noticias, pero sostuvo a un país entero. El venezolano no se rindió, nunca lo hizo, uno empujaba al otro, cero clases sociales, cero el rol que cumpliera se adaptó, compartió y aprendió a cargar dos o tres bolsas, las que pudiera, para mantener viva nuestra patria.

Con Gloria esa solidaridad tomo una forma aún más clara. Antes de trabajar conmigo, había sido la nana de las dos hijas de María Angelica, la había ayudado a criarlas y sostener su infancia. Cuando María Angelica emigro a los Estados Unidos, Gloria paso a trabajar conmigo, pero ese lazo no se rompió, desde la distancia María Angelica le decía: "Gloria haga la compra que yo se la pago. Y así desde otro país, seguía cuidando a quien había cuidado sus hijas.

No era un caso aislado muchos de los que se fueron sostuvieron a otros desde fuera, muchos de los que aun podían. El que tenía ayudaba al que no.

Así en silencio, sin discursos, ni titulares, se mantuvo de pie una Venezuela que nunca se rindió.

Esa fue otra cara de la crisis que no salía en noticias, ni en las redes, pero que cargaban dos bolsas, la propia y la de otro, evitando que el país se quebrara del todo. La solidaridad traspaso fronteras.

Así Venezuela se sostuvo más por su gente, que por cualquier estructura formal.

EL CIUDADANO VS EL POLÍTICO

Mientras la Venezuela desde afuera le tendía la mano a la Venezuela que resistía adentro, quienes emigraron trabajaban el doble, hasta el triple para enviar remesas que no eran excedentes, sino sacrificios. Ese esfuerzo silencioso sostuvo al país y evitó que la tragedia fuera aún mayor. Sin esa ayuda constante, cotidiana, Venezuela se habría desplomado del todo.

Y sin embargo, ese país que se sostuvo desde abajo no fue el mismo que apareció en los discursos. Mientras los ciudadanos hacían lo que podían para ayudarse unos y otros, una parte de la dirigencia política opositora administraba recursos internacionales destinados en teoría a la ayuda humanitaria y al alivio de la población más vulnerable, recursos que, según múltiples denuncias y escándalos conocidos, nunca llegaron a quienes lo necesitaban, pero sí, a manos de políticos específicos.

Así se hizo evidente una fractura aún más dolorosa no solo del país partido en dos por la pobreza, sino la que separó al ciudadano común del político que hablaba en su nombre. El venezolano sostuvo a Venezuela, el político salvo excepciones. se sostuvo así mismo.

La humanidad, la venezolanidad, estuvo en la gente, no en el poder:

Esa es una verdad incómoda, pero necesaria: la humanidad estuvo en la gente, no en el poder. En la bondad compartida, en las remesas enviadas desde lejos, en las compras hechas para otros desde el exilio, no en los escritorios ni en los discursos.

Bodegones llenos, neveras en casa vacías, al menos hay para comida, fue el año de la desigualdad que dejó de disimular.

La política fue el desencanto definitivo.

Guaidó seguía, pero ya no arrastraba. La oposición fracturada, cansada, desacreditada. Se sintió engañada y utilizada.

El gobierno resistía, no por fuerza moral, sino por agotamiento social. En noviembre hubo elecciones regionales, muy poca participación se decía en voz baja, el desencanto entre ellos," esto no se va a arreglar pronto".

Este 2021 la gente decidió irse para no regresar:

No con épica

No con rabia

Con tristeza

Con mucha desesperanza

En ese año la gente poco reía, planeaba poco, la vida se redujo a resolver el día, pasar la semana, aguantar el mes.

Fue un año de resistencia silenciosa. Especialmente en las mujeres.

Fui de las pocas personas conocidas en la ciudad que decidió quedarse por un tiempo, luego de superar la pandemia, Valera quedó como un pueblo fantasma.

Su gente caminaba por las aceras casi por inercia, buscando el "resuelve" y esa tristeza y desesperanza, terminó en una forma de vida. Nadie hablaba de futuro, de cambio, de aspiraciones, sencillamente se vivía el día a día.

El centro comercial más importante, con 50 locales, en su mayoría abandonados, el trajinar de gente en otrora que expresaba el calor humano de los venezolanos conversando con los conocidos, siempre sonrientes, saludando a quienes se cruzan en su andar, las risas por cualquier chiste de uno o de otro, quedó en el pasado.

Luego de un año como el de la pandemia, la frustración política y la crisis económica, las remesas dejaron de esperarse mensualmente. El ritmo de la crisis las fue acercando cada vez más. Volviéndose urgentes, indispensables.

En sectores como Caja de Agua, donde reside Gloria la señora y amiga que nos ayuda en casa, la solidaridad se volvió estrategia de supervivencia. Hacían recolecta entre varias casas, cada uno aporta lo que tiene en su cocina, así reúnen para hacer un sancocho, arroz con verduras, macarronadas o cualquier comida, que se repartían entre ellos.

Esa era la Valera de la postpandemia. Un pueblo herido, pero no derrotado. Sostenido por la solidaridad silenciosa y por una certeza profunda: que rendirse nunca fue opción, porque el venezolano, aun exhausto, guapea, inventa soluciones y se niega a desaparecer.

Año: 2022 EL PAIS SE MAQUILLÓ

Este año 2022, sin estruendos, sin grandes anuncios ni promesas creíbles. No trajo soluciones, pero si una peligrosa sensación de normalidad. Venezuela no mejoró, simplemente aprendió a convivir con el desastre.

Para entonces el pueblo ya no esperaba nada de la política. El desencanto había calado hondo. Las protestas se apagaron no porque las razones desaparecieron sino porque la gente estaba exhausta. Sobrevivir consumía toda la energía disponible.

Comenzó a hablarse de una supuesta recuperación. Los bodegones llenos, el dólar circulando, algunos comercios abiertos hasta tarde, pero esa imagen no representaba al país real. Era una Venezuela pequeña, concentrada, excluyente. la mayoría seguía viviendo con salarios miserables, dependiendo de remesas, de trabajos informarles, de ayudas familiares.

El venezolano común ya no discutía ideologías, discutía precios. Ya no soñaba con un cambio inmediato soñaba con llegar a fin de mes, con no enfermarse, que no se fuera la luz.

En 2022 se conoció una verdad dolorosa, Venezuela seguía en pie, pero sostenida casi exclusivamente por su gente.

Por quienes trabajaban dentro y fuera del país, por las remesas, por la solidaridad cotidiana, por la capacidad casi heroica de adaptarse a lo inaceptable.

Fue el año cuando la esperanza se volvió silenciosa y modesta. No murió, pero dejo de gritar. Se refugio en pequeños negocios improvisados, en una bolsa de comida compartida, en la decisión de seguir adelante a pesar de todo.

Este año 2022, fue el año cuando entendí que ya no podía más. No fue una decisión súbita, ni cómoda, fue un empujón, me cercaron por todos lados. Cerré mi periódico digital, cerré ciclos, cerré espacios que durante años habían sido mi forma de resistir. La presión se volvió insoportable.

Hasta entonces iba y regresaba. Pasaba temporadas en Estados Unidos en casas de mis hijos.

Los últimos meses en casa fueron casi dos años, pero en este 2022 tome la decisión definitiva de residenciarme fuera del país. No porque quisiera irme, sino porque no me dejaron quedarme.

Ese año se habló mucho de los bodegones como si fueran prueba de recuperación, pero esa era una imagen profundamente engañosa. Los bodegones funcionaron sobre todo en Caracas. En ciudades del interior, como Valera apenas hubo dos y no duraron.

Vendían productos importados costosos ajeno a la dieta diaria del venezolano. No eran alimentos necesarios, sino lujos innecesarios para un pueblo sin poder adquisitivo, a la larga fracasaron porque la gente simplemente no podía comprar. Aquella bonanza fue más bien una pantalla: una forma de lavar dólares, de blanquear corrupción a través de vitrinas llenas y cajas registradoras vacías. En menos de un año muchos cerraron.

Mientras tanto en Valera ocurrió algo distinto, el estado se colmó de motocicletas ofrecidas a muy bajos precios, se creía eran adquiridas por el gobernador para ir formando los Colectivos. Esa figura no existía en Valera. Sin embargo, la realidad desvió el propósito original.

Los muchachos necesitados y humildes no se convirtieron en grupos de choque, convirtieron las motos en herramientas de trabajo: hacían delivery, repartos para supermercados, farmacias, ferreterías y en taxi-moto.

Esas motos aliviaron un poco la vida en los barrios, en los chicos de a pie. No fue una política pensada para dignificar, pero la gente la dignifico para sobrevivir.

Así fue el 2022 un año de maquillaje y contrastes, una Venezuela que pretendía mostrarse recuperada, mientras seguía expulsando a los suyos. Un país sostenido por la inventiva del pueblo, no por el poder.

Para mí fue el año del quiebre definitivo. El año cuando entendí que resistir también tiene un límite. Me fui, como tantos otros, no por falta de amor al país, sino porque permanecer se volvió inviable. Venezuela no solo empobrecía a su gente, la empujaba a irse.

AÑO 2023: MARIA CORINA MACHADO, LIDER

En este 2023, se realizaron las elecciones primarias de la Plataforma Unitaria Democrática, la gran coalición de los partidos opositores, para escoger quien sería su candidato para las presidenciales previstas para el 2024.

Estas primarias se llevaron a cabo sin el CNE, se realizaron tanto en el país como en 29 países y 77 ciudades del extranjero, permitiendo que los venezolanos fuera del país participaran, tal como fue.

En esa elección María Corina Machado obtuvo el 90% de los votos superando por mucho a los otros aspirantes.

Fue un momento muy significativo para los venezolanos en la diáspora, porque muchos de nosotros lejos del país, pero con el corazón en Venezuela, votamos por ella desde aquí en Estados Unidos, fue un gesto de manifestación política masiva, que muchos lo entendieron como un acto de esperanza y de reafirmación de identidad nacional.

Obstáculos y suspensión de lucha:

Aunque las primarias fueron un hito de participación y entusiasmo, no quedaron exentas de tensiones políticas.

Ese proceso fue investigado y cuestionado por el Gobierno, alegando supuestos delitos y faltas administrativas y se ordenó la entrega de documentos para ser investigados.

Pese a la abrumadora victoria, la justicia venezolana controlada por el régimen suspendió los resultados significando un golpe político a la oposición. Mária Corina Machado enfrentaba una inhabilitación para ejercer cargos políticos, complicando su participación en las elecciones del 2024.

Ese 2023 marco un punto de inflexión en la historia reciente de Venezuela. Desde donde yo estaba, en Plam Beach en Estados Unidos, acudimos como cientos o tal vez miles de venezolanos, considerando la concurrencia creemos que ningún venezolano en esta ciudad, dejo de votar y en todas las colas era un eco el nombre de María Corina, creemos que el resto de los aspirantes quedarían impresionados por la ausencia de votos para ellos. Allí se demostró que estamos lejos del país, pero muy claros de todo lo que adentro sucede.

María Corina se convirtió en la voz de todos por un cambio. Yo misma le di el voto, así como María Angelica, Carlos y las dos nietas sus hijas Andrea y Daniela. Todos los que votamos desde allí, demostraron que en nosotros está vivo el sueño de la libertad del país y el regreso a la patria.

Pero esa esperanza no estuvo exenta de obstáculos. Aunque gano con claridad, el sistema jurídico y político del país suspendió los resultados y siguió negando a muchos lideres la posibilidad de competir oficialmente.

Fue una mezcla de entusiasmo, disputa y frustración que mostro el pulso político de una nación partida entre el deseo de cambio y las barreras del poder establecido.

Ese año enseñó incluso en la distancia que el pueblo venezolano seguía luchando por hacerse escuchar.

Con esas primarias los venezolanos demostramos muchas cosas: el amor por nuestra patria, el dolor por estar fuera de ella, que no tenemos fronteras cuando se trata de salir en su defensa o demostrar el amor por Venezuela, que no hay fronteras, todos a la hora necesaria somos venezolanos, definitivamente que el país no se agota, no se rinde, que en cada paso estamos más cerca de una Venezuela libre, porque después de más de 20 años estamos firmes, dando la pelea cada vez con más determinación y fuerza.

Candidatos que se presentaron en esas primarias:

1.- María Corina Machado

2.- Carlos Prosperi

3.- Delsa Solorzano

4.- Andrés Caleca

5.- Cesar Pérez Vivas

6.- Andrés Velasquez

7.- Luis Farias

8.- Gloria Phino

9.- Tamara Adrían

10.- Cesar Almeida

A esos se puede agregar que otros aspiraban, pero finalmente no presentaron sus nombres: Henrique Capriles, Roberto Enriquez y Freddy Superlano.

EL REGRESO A LO QUE SE CREÍA PERDIDO

Ese año 2023 trajo de regreso algo que parecía perdido: la política entendida como participación ciudadana. No porque el país estuviera mejor. Sino porque el cansancio había llegado a un punto en el que quedarse al margen ya no era opción, y esa opción estaba representada en la candidata electa María Corina Machado.

Para ese año yo estaba fuera de Venezuela. Miraba al país desde Estados Unidos, como tantos otros que no se fueron por gusto, sino por empuje. Desde aquí seguíamos atentos, conectados, pendientes de lo que ocurría allá, porque la distancia nunca ha roto el vínculo.

Este año fueron esas elecciones de la oposición para el elegir al próximo candidato a representarnos en las presidenciales. Esos políticos allí señalados, era un abanico de posibilidades amplio, pero desigual.

Sin embargo, una figura destacó desde el inicio: María Corina Machado que arrastraba una fuerza que no se veía desde hacía años. su discurso directo, su distancia con los partidos fallidos y su coherencia a lo largo del tiempo conectaron con un país cansado de medias tintas.

El resultado fue contundente dentro y fuera, millones de venezolanos votamos por ella, yo lo hice, mi familia también, esa diáspora en donde me encontraba, confirmo que el país ya no terminaba en la frontera, estaba también en todos nosotros por fuera trabajando, enviando remesas, opinando, eligiendo. Empujando.

Esa esperanza no tardo en chocar con la realidad, el sistema político nos volvió a cerrar el paso: la inhabilitación, las trabas, los acuerdos bajo cuerda con los mismos aspirantes, desconociendo nuevamente nuestra voluntad, nuestra opinión demostrando que ellos no estaban dispuestos a ceder espacios, saben que jamás ellos ganarían frente a un pueblo que ya había elegido en María Corina Machado.

Aun así, dejamos una huella en ese 2023 el problema de Venezuela no era la apatía del pueblo, sino los límites impuestos desde arriba en complicidad con quienes se decían opositores.

Tuvieron no miedo, terror, a esa rendija que le abrieron al pueblo y su respuesta, con contundencia respondió.

Fue un año de ilusiones, de participación vigilada, de esperanza bajo amenaza, pero también fue la prueba de que, incluso después de tantos golpes, el venezolano todavía estaba dispuesto a intentarlo.

MARÍA CORINA MACHADO COMO SÍMBOLO

Antes de este 23 de octubre de este 2023, la oposición estaba prácticamente desmovilizada después del rotundo fracaso del gobierno interino con Juan Guaidó. La gente ya no creía en partidos políticos, ni en sus lideres tradicionales, todos envueltos en rumores de acuerdos y pactos silenciosos con el régimen.

Y sin embargo ocurrió algo inesperado, millones decidieron participar en unas primarias organizadas sin el estado.

Ahí aparece María Corina Machado, no solo como candidata, sino como símbolo:

De ruptura con la vieja oposición

De discurso frontal

De coherencia para muchos

Y de una esperanza civil, no institucional

Y así la diáspora voto masivamente. El país ya no estaba solo, ya sabe que cuenta con ese ejercito exiliado, esos venezolanos que nunca se desconectaron ni con el país, ni con su sufrimiento y realidad.

María Corina Machado surgió como símbolo, como esperanza, como futuro encendiendo de nuevo la sirena de unión de los dos ejércitos: el que se sostenía, que guapeaba desde adentro y el que desde afuera trabajaba intensamente para enviar remesas y responder al llamado necesario uniéndose para demostrar fuerza.

AÑO:2024 ELECCIONES, GONZALEZ URRUTIA

María Corina Machado entendió antes que muchos que, el poder no estaba dispuesto a competir.

No se trataba de candidatos, ni de requisitos, ni siquiera de legalidades: se trataba de impedirle existir políticamente. Una y otra vez los nombres que ella propuso fueron rechazados, borrados, anulados, como si el régimen estuviera jugando a decirle al país: no importa a quien pongan, si viene de ella, no pasara.

Cada negativa fue solo administrativa, fue una humillación publica, un mensaje de fuerza, de advertencia.

La Constitución quedó reducida a papel incomodo y la voluntad popular expresada de forma contundente en las primarias fue tratada como una amenaza que debía ser neutralizada.

Fue entonces cuando María Corina tomó la decisión más dura y al mismo tiempo más estratégica: ceder la candidatura, no por debilidad sino por responsabilidad histórica.

El nombre que finalmente logro atravesar el cerco del régimen fue el de Edmundo González Urrutia, alguien desconocido para muchos, pero bastaba el apoyo de María

Corina para ser aceptado y apoyado. Con eso no contaba el régimen.

A partir de ese momento, ocurrió algo inédito, ella dejo de ser candidata, pero no de ser la líder.

Eliminó su nombre en la boleta, pero se quedó con la esperanza del país.

LA CAMPAÑA. UN PAÍS RECORRIDO BAJO ASEDIO

Lo que siguió fue una campaña atípica, con agenda casi clandestina. María Corina recorrió a Venezuela sin aparecer en la papeleta, pero aparecieron en cada pueblo, en cada carretera, en cada multitud que la esperaba como se espera a alguien que dice la verdad en voz alta.

A donde ella iba, el Estado llegaba primero, o llegaba después, pero siempre llegaba cerrando accesos, bloqueando vías, confiscando equipos, intimidando a comerciantes. Hoteles clausurados, por alojar a su equipo. Restaurantes sancionados por servir un café. Personas detenidas por prestar una casa, un baño, una silla.

El mensaje era brutal:

Apoyar la esperanza tenía consecuencias.

Y aun así la gente salía, con miedo sí, pero también con una convicción que llevaba años dormida. Cada acto político parecía una desobediencia civil silenciosa. Cada aplauso era un pequeño desafío. Cada concentración un recordatorio de que el país seguía vivo. Cada concentración más nutrida, no había miedo, había esperanza y eso no lo controla régimen alguno.

En ese largo y difícil camino de una campaña electoral inédita, ella llegaba superando las trabas, las trampas, los inconvenientes, llegaba, siempre llegó. En cada una de sus concentraciones mostraba sin egoísmo, con sinceridad, la imagen del candidato aceptado por el régimen mostraba a Edmundo González Urrutia.

María Corina no ofrecía promesas grandilocuentes, ofrecía algo más peligroso para el poder: ofrecía dignidad.

EL DÍA DECISIVO, EL DÍA ANUNCIADO

Cuando llego el día de la elección, Venezuela votó cargando no solo una decisión política, sino el peso de años de frustración, exilio y dolor acumulado, pero el resultado no fue una sorpresa, el régimen se declaró ganador, sin transparencia, sin auditoria creíble, sin pudor.

A pesar de la brutal diferencia en votos de 70 a 30 de Edmundo González Urrutia, Maduro se proclamó presidente una vez más:

No por consenso

No por legitimidad

Sino por control

Lo que se vivió después en ese 2024: fue la represión abierta, detenidos más de 1.200 venezolanos entre adultos, adolescentes y menores.

DEL RUIDO AL SILENCIO

A partir de esa misma noche comenzaron las detenciones, las desapariciones temporales, los interrogatorios, las amenazas. Jóvenes activistas ciudadanos comunes golpeados, detenidos. Algunos por protestar, otros simplemente por votar.

Poco a poco el país fue entrando en un silencio espeso. No porque hubiera dejado de sentir, sino porque había aprendido que hablar podía costar la libertad y hasta la vida. El miedo se convirtió en política de estado y el silencio en mecanismo de supervivencia.

El año 2024 cerró con una esperanza que no murió, pero fue castigada.

EL VOTO TAMBIÉN FUE DESTERRADO

Ese 28 de julio, lo que más nos dolió no fue estar lejos de la patria, lo que más dolió fue no poder votar, nos desterraron también en nuestros derechos como venezolanos.

Fuimos millones los venezolanos en el exilo que deseábamos votar, quisimos aportar, quisimos sentir que aun contábamos, pero no aparecíamos en el registro. Ese día, no existimos. Para el sistema electoral simplemente habíamos sido borrados.

No fue desinterés, ni apatía. Fue exclusión.

Mientras en Venezuela la gente enfrentaba miedo y represión para ejercer su derecho, nosotros enfrentábamos otra forma de violencia: la negación absoluta del voto, prácticamente nos expropiaron de Venezuela.

Éramos casi 8 millones de venezolanos fuera del país y solo una minoría pudo participar. El resto miramos la elección con el corazón apretado sabiendo que esa papeleta que no pudimos marcar también era parte del fraude.

El exilio no solo te quita el país, también te quita la voz.

Hoy al escribir estas líneas, puedo confesar que pudimos haber hecho mucho más desde esta lejanía, porque si es cierto, estamos lejos, pero con los derechos y el amor que significa para todos nosotros ser venezolanos.

Ese día entendí que el exilio también tiene límites, pensé y lo pensé con claridad, ese día debimos haber salido todos a votar simbólicamente, aunque no contara legalmente, pero era demostrarle al mundo cuantos éramos, cuanto queríamos un cambio, cuantos abríamos votado, cuanta voluntad fue excluida.

Pero también entendí ese día, algo más duro: fuera del país ya no éramos más lideres naturales, ni voces con peso, somos millones sí, pero dispersos. Sin la fuerza del territorio, sin la inercia de lo propio.

En mi país, en mi ciudad, en Valera, mi palabra contaba, mis ideas y propuestas aceptaban, en Orlando donde estaba para ese día, era una más del montón de inmigrantes, de exiliadas.

Esa idea quedó suspendida, como tantas cosas en el exilio, no por falta de razón, sino por falta de estructura.

Nos dolió y mucho tener que conformarnos en ese día tan trascendental momento tener que seguirlo a través de canales de televisión de los periodistas venezolanos o de programas como la Guarimba, mientras nuestros hermanos allá adentro, arriesgando sus vidas en esas largas colas para votar a expensas de la violencia de colectivos y demás bandas delictivas del régimen.

No me sentí cómoda, ese fue un día que anhelaba haber tenido el poder de convocatoria que tenía en Valera y así los venezolanos por lo menos en Orlando, haber atendido el llamado a un simulacro y dejar aún más al desnudo a un régimen que está allí porque nos empujó, nos expulsó pero que rechazamos y ese era el día de haberlo demostrado. Lastimosamente así no fue, nuestra voz la silenciamos.

Estamos segura qué, si María Corina Machado nos hubiera abierto esa puerta de un simulacro, el régimen habría quedado más desnudo, más expuesto.

Al final en la casa de mi hija María Angelica escuchamos el Himno Nacional de Venezuela, lloramos, nos abrazamos y resignarnos que algún día esa tragedia nuestra llegaría a su final.

Después de esa noche, llegó otra realidad que no tenía nombre todavía, pero sabíamos que se venía: la ola represiva que cerro este año, con un país cada vez más asediado, no solo por la negación del voto, sino ver como dentro del país, la protesta era castigada con cárcel, desaparición, o estigmatización. El régimen respondió a cualquier voz disidente con fuerza bruta, deteniendo a miles de personas, no solo a lideres políticos sino a ciudadanos que salieron a las calles con dignidad. La comunidad internacional, sus organizaciones mirando para los lados.

La cifra creció con el pase de los días, más de 2.000 detenciones arbitrarias durante semanas de protestas y acciones de rechazo al resultado oficial.

No eran solo manifestantes, eran jóvenes, madres, padres de familia, algunos detenidos solo por estar cerca de una marcha, por levantar una pancarta, por levantar la voz.

Los procesos judiciales cuando existían eran una farsa: cargos vagos, como incitación al odio, o terrorismo, se usaban para castigar las críticas y sembrar miedo.

Y nosotros en el exilio llorábamos por no haber podido votar, mientras dentro del país a quien levantaran la voz, pagaban con una celda. Y Aun así nadie desde afuera nos miraba, pareciera que Venezuela no existía como tampoco su gente.

Hubo liberaciones esporádicas a veces presentadas por el régimen como un gesto de "normalidad" o "justicia", pero la realidad era otra por cada persona que salía otras nuevas entraban, era lo que muchos comenzaron a llamar "puerta giratoria" de los presos políticos.

Fueron tantas las detenciones y abusos que por fin Venezuela fue objeto de una misión de determinación de los hechos de la ONU que concluyó que la represión se profundizó de manera sistemática tras las elecciones y que hubo violaciones graves a los derechos humanos. A finales del año los presos políticos eran cerca de los 1.800.

Esos informes de la ONU, que arrojó y ratificó la realidad represiva del país, nunca tuvo una reacción contra el régimen, aquellas denuncias, pruebas y detenciones, cayeron en un cajón donde aún duermen el sueño eterno.

UNA SALIDA FORZADA: LA DEL PRESIDENTE ELECTO

Después de semanas de negación, presión política y silencio oficial sobre los resultados reales de la elección, ocurrió un episodio que marco para siempre el final del 2024: la salida forzada del presidente electo, Edmundo González Urrutia hacia el exilio en España.

González Urrutia había sido testigo de primera mano del cerco político tras ser designado candidato unitario de la oposición. Y con datos que mostraban que habían ganado, su vida se volvió imposible dentro de Venezuela. El régimen emitió una orden de arresto en su contra y le imputó cargos severos qué de ser ejecutados, los habrían condenado a años de prisión. La única salida para preservar su vida y su libertad fue buscar refugio en la embajada de España en Caracas y desde allí organizar su salida hacia el exilio.

Antes de subir al avión, antes de permitírselo, algo que debió ser un escape humanitario, se transformó en una escena de opresión y chantaje político.

Los representantes del régimen encabezado por Jorge Rodríguez y Delsy Rodríguez, la vicepresidente, le presentaron un documento como condición para obtener el salvoconducto que le permitiera salir del país.

Luego González Urrutia mismo explico públicamente que ese documento se lo obligaron a firmar bajo coacción, chantaje y presiones argumentando que de otra forma debería "atenerse a las consecuencias" Edmundo González Urrutia, según ese documento acataba la decisión del TSJ que había validado la reelección de Maduro pese al fraude cantado por el propio Edmundo González, mostrando pruebas de su ventaja con las actas en mano.

Fueron horas muy tensas para Edmundo González y para el pueblo venezolano con una juramentación fraudulenta por un lado y un ganador legítimo expulsado del país.

Finalmente, a Edmundo González un avión de la fuerza aérea de España lo llevo a Madrid siendo recibido por las fuerzas políticas de ese país.

Ese vuelo no solo fue una evacuación, fue el exilio del presidente electo, una figura que debía haber gobernado representando al pueblo venezolano y en cambio tuvo que marcharse para evitar la cárcel o algo peor.

Mientras todas esas violaciones se cometían contra un presidente electo con abrumadora mayoría, y un pueblo asediado, perseguido, encarcelado por exigir justicia, la comunidad internacional permaneció impávida, indiferente dejando a un pueblo desarmado a su suerte, en manos de un régimen que se imponía a capa y espada llevándose todo por delante: la Constitución, la voluntad popular y una verdad que estaba a la vista de todos: un fraude frío y descarado.

Nuevamente Venezuela y su pueblo, quedaron en manos de la tiranía que se imponía con balas y prisión.

Agotada y desamparada por todos, Venezuela nada esperaba, ya acostumbrada a la indiferencia internacional a unos organismos que hablaban de violación de derechos humanos, que nuevamente miraba al lado contrario, levantando rumores por esa pasividad cómplice con un régimen represivo y desde ese momento usurpador al haber perdido por mayoría las elecciones ese 28 de julio.

LAS ACTAS RESGUARDADAS Y SEGURAS.

En medio del silencio oficial y la negativa del Consejo Nacional Electoral a publicar los resultados mesa por mesa, y mucho menos las actas físicas impresas por cada maquina electoral, algo extraordinario comenzó a suceder. Los testigos y voluntarios de la oposición con una organización impecable recogieron miles de actas impresas en cada mesa de votación, cada una con sus firmas, sus sellos y su código QR, tal como marca la ley.

Aquellas actas eran la prueba física de como voto el pueblo venezolano. Y aunque el CNE se negó a mostrarlas, esos documentos no se perdieron en cajas sin abrir. Fueron cuidadosamente empacados, ordenados y llevados fuera de las manos del régimen.

Meses más tarde, en un acto histórico y solemne en la Ciudad de Panama Edmundo González Urrutia y una representación de María Corina Machado, entregaron esas actas al Gobierno de Panama que las recibió en custodia formalmente ante el mundo.

La depositaron bajo resguardo, incluso en las bóvedas de su Banco Nacional como custodios de la verdad que en Venezuela se negó a ver la luz.

Ese gesto no solo fue político, fue simbólico: la soberanía popular había sido preservada, aunque fuera de la Patria. Y desde allí ante la OEA y ante el mundo, las actas se convirtieron en un archivo de la voluntad del pueblo venezolano, imposible de borrar.

Porque, aunque el poder había ocultado, negado y distorsionado los resultados, las actas físicas, era evidencia que no puede falsificarse, estaban allí seguras, legibles y verdaderas.

Allí siguen, como fiel testigo que Venezuela estaba bajo el mando de un usurpador que se mantenía con miedo, persecución y cárcel al pueblo que levante la voz.

Creemos que ningún país del mundo ha vivido bajo esa realidad como la de Venezuela durante 25 años, sin embargo, han sido muchas las lecciones que nos han dado tantos años de usurpación, injusticia, torturas, sometimiento y pésima calidad de vida a pesar de las riquezas, esas que han sido de gran provecho precisamente para quienes han tomado a un país como rehén conformando una estructura que les han permitido un control total.

Hemos aprendido que tenemos un maravilloso país no solo por sus riquezas naturales, sino por su gente luchadora, pero muchas veces ingenua, que debimos cuidarla mucho más, protegerla de quienes engañan con un verbo angelical y una mano izquierda con otras intenciones, que debemos mirar más a quienes nos necesitan y los tenemos muy cerca, que hay momentos donde debemos advertir, enseñar y atender a los más vulnerables, si algo nos dejó bien claro este régimen, es que los venezolanos no estamos divididos en clases social, nos unimos, nos ayudamos, todos empujamos, porque aprendimos a amar aún más a Venezuela cuando estuvimos muy cerca de perderla y ahora sabemos cuánto vale, lo privilegiados que somos con una nación como la nuestra, incluso cuando nos tocó defenderla desde el exilio.

AÑO 2025: EL AÑO DE LA ANTESALA

El año 2025 transcurrió en Venezuela como un tiempo suspendido, un año en donde el país parecía contener la respiración. No fue un año de grandes rupturas visibles, pero sí de movimientos silenciosos, de expectativas crecientes y de señales contradictorias. Que mantuvieron al pueblo entre la esperanza y la cautela.

Durante ese año la figura de María Corina Machado alcanzó una dimensión internacional inédita para una dirigente opositora venezolana.

Su nombre comenzó a circular con fuerza en espacio académicos y políticos y mediáticos, del país. Mientras ella se mantenía en clandestinidad amenazada por la dictadura, cerca de 10 meses estuvo en lugares fuera del alcance de un régimen que la deseaba fuera aparte del escenario político nacional. Ella con coraje, valentía y sacrificio, se mantuvo firme en sus principios, resguardando su seguridad consciente de su responsabilidad con Venezuela y los venezolanos.

Se habló de reconocimientos, de respaldos internacionales, de nominaciones simbólicas a premios de gran prestigio. Para muchos venezolanos aquello fue interpretado como una validación moral de una lucha sostenida durante años para otros, como una nueva promesa que exigía prudencia.

El 2025 fue también el año cuando se intensificó la presión internacional sobre el poder venezolano al menos en el discurso.

Se multiplicaron pronunciamientos, reuniones diplomáticas, advertencias y declaraciones que hablaban de transición, de cambios inminentes de un nuevo momento para el país. Sin embargo, en la vida cotidiana del ciudadano común poco a nada se transformó.

Los presos políticos siguieron presos, el exilio siguió en el exilio. La persecución, aunque a veces más silenciosa, continúo operando.

Fue un año intenso de tensiones, incertidumbre y expectativas frustradas, aunque no trajo los cambios estructurales que muchos esperaban, si fue un año donde la atención internacional se puso de nuevo sobre la lucha democrática en nuestro país.

En octubre del 2025 la figura de María Corina Machado alcanzó un reconocimiento global al ser galardonada con el premio Nobel de la Paz 2025 otorgado por el Comité Nobel de Noruega por su incansable labor en favor de los derechos democráticos del pueblo venezolano y por su esfuerzo por impulsar una transición justa y pacifica desde la dictadura.

Este premio, aunque no fue recogido en persona por ella debido a las condiciones de riesgo en las cuales se encontraba, fue recibido por su hija y su familia en Oslo y se interpretó como una luz de intención mundial sobre la tragedia venezolana sobre quienes siguen luchando por la justicia y la libertad.

Para nosotros en el exilio y la diáspora, este reconocimiento fue un orgullo por lo que representó, pero también un recordatorio doloroso de que el país seguía sin cambios reales. El Nobel no trajo libertad concreta, ni alivio al sufrimiento diario, pero si puso en evidencia ante el mundo que la lucha venezolana sigue viva.

Así fue también en los Estados Unidos y otros países de acogida, donde muchos venezolanos vivimos un 2025 de gran presión migratoria y miedo constante.

En el exilio nos enfrentamos a un clima de incertidumbre junto con las dificultades propias de emigrar.

Las políticas migratorias se ha endurecieron de manera alarmante y para muchos fue común enfrentar procesos complicados de residencia, asilo o deportación que generaban temor en la comunidad.

Mas de una familia evitaba reunirse en grupo por miedo a ser detenidas o señaladas por las autoridades migratorias.

Muchos venezolanos llegamos a sentir que, incluso lejos de la tierra, seguíamos viviendo con el temor de no tener refugio seguro.

Este miedo no era imaginario. Aunque no siempre se publicaron estadísticas completas, el ambiente general en este 2025 entre la comunidad venezolana migrante en Estados Unidos fue esconderse, evitar estar en grupos y vivir en una constante vigilancia sobre cada tramite de migración.

Yo misma con mis hijos y nietos, viví esa sensación de no poder salir, de permanecer alerta, de sentir que tu vida, aunque legal, estaba constantemente bajo evaluación, es una realidad compartida por muchos.

No fue un año de acciones espectaculares o de transformaciones inmediata. Fue más bien un año de conciencia profunda, aprendimos que la libertad no se logra solo con un reconocimiento internacional, ni se conquista sin cambiar estructuras aprendimos que, aunque lejos de nuestra tierra nuestras historias personales no se disocian de lo que Venezuela vive.

AÑO 2026: CAE NICOLAS MADURO

El inicio del año 2026 encontró a Venezuela en medio de definiciones abruptas, lo que durante 2025 había sido expectativa, presión y rumor, se convirtió en hechos que sacudieron el relato construido durante años: el 3 de enero marco un punto de quiebre que fue presentado al mundo como el inicio de una nueva etapa.

Se anuncio la salida, con una extracción de Nicolas Maduro de su bunker y con ello, la salida del poder con la intervención de los Estados Unidos. Para la comunidad internacional y para amplios sectores mediáticos aquello fue narrado como el cierre de un ciclo y la antesala de la transición democrática. Las palabras fin, ruptura, nuevo comienzo se repitieron con insistencia.

Pero para el pueblo venezolano la experiencia fue distinta.

Mas allá del nombre que se retiraba del escenario, la estructura permaneció intacta: los mismos poderes regionales, los mismos actores, los mismos mecanismos de control y persecución continuaron operando con normalidad. El sistema que durante años había sostenido la represión no se desmontó, se reacomodó.

Muy pronto quedo claro que el cambio anunciado no se traducía en transformaciones reales para la vida cotidiana. No hubo garantías inmediatas, ni justicia para los perseguidos, ni condiciones seguras para el regreso de los exiliados.

Gobernadores señalados por abuso siguieron en sus cargos. Las amenazas, el miedo y el silencio continuaron siendo parte del paisaje nacional.

Para muchos venezolanos, lo ocurrido fue vivido como un engaño, no necesariamente por ingenuidad, sino por cansancio.

El cansancio de haber esperado, de haber creído demasiadas veces, de haber aprendido una y otra vez que en Venezuela el poder suele cambiar de forma, pero no de fondo.

Este momento marco una nueva herida emocional la de comprender que incluso cuando el mundo celebra la salida del dictador, el país seguía atrapado. No toda ovación internacional se traduce en libertad concreta. Que el pueblo una vez más quedaba a la espera.

Para quienes vivimos en el exilio el golpe fue doble. Muchos seguimos sin poder regresar, sin seguridad, sin garantías con sus familias fragmentadas y la vida suspendida en otros países. El país amado seguía siendo un lugar al que no se podía volver sin miedo.

Por todo esto, este libro se detiene aquí.

No porque la historia haya terminado, sino porque todavía no ha mostrado su verdadero desenlace.

El año 2026 se abre como un territorio incierto, cargado de sombras, decisiones inconclusas y verdades que aún no han salido completamente a la luz. Continuar narrando ahora seria especular, cerrar falsas certezas, seria mentir.

Este no es un punto final

Es una pausa consciente

Un silencio necesario para no confundir el deseo con la realidad.

La esperanza queda abierta. No como consigna, sino como posibilidad porque mientras exista memoria, pensamiento crítico y una voz dispuesta a decir lo que otros callan, Venezuela seguirá teniendo futuro.

Aquí se detiene el relato

El próximo capitulo aun en suspenso

ANEXOS

DERECHOS HUMANOS EN VENEZUELA

La violación de los derechos humanos en Venezuela no fue un exceso aislado, ni los resultados accidentales de una crisis política prolongada. Fue y sigue siendo, una Política de Estado, aplicada de manera progresiva, sistemática y sostenida desde los primeros años del siglo 21.

Al comienzo las señales parecían dispersas: percepción selectiva, intimidación a hacia disidentes, criminalización de las protestas.

Con el tiempo esas señales se convirtieron en patrones. Y los patrones en métodos. Detenciones arbitrarias, desapariciones forzadas de corta y larga duración, torturas físicas y psicológicas, ejecuciones extrajudiciales, juicios sin garantía, uso del sistema judicial como instrumento de castigo político y el empleo del miedo como mecanismo de control social.

La represión no distinguió edades, profesiones, ni ideologías, estudiantes periodistas, defensores de derechos humanos, militares, trabajadores públicos, médicos.

Cualquier ciudadano podría convertirse y de hecho se convirtió, en objetivo.

Bastaba con disentir, protestar, opinar o simplemente no alinearse.

Con el colapso institucional, el Estado dejo de ser garante de derechos y paso a ser su principal violador.

Los cuerpos de seguridad, lejos de proteger a la población fueron transformados en instrumentos de persecución. La impunidad se normalizó. La arbitrariedad se volvió regla. El silencio una forma de supervivencia.

Este proceso no ocurrió en la sombra. Fue documentado, denunciado y registrado durante años por organizaciones nacionales e internacionales de reconocido prestigio: Human Right Walxch, Amnistía Internacional, la oficina de alto comisionado de la Naciones Unidas para los derechos humanos, la Comisión Interamericana de Derechos Humanos y finalmente la Corte Penal Internacional, coincidieron en una misma conclusión, en Venezuela se cometieron crímenes de lesa humanidad. Las cifras que se presentan en este anexo, frías contundentes, difíciles de asimilar, no representan simples estadísticas. Cada número es una vida interrumpida, una familia rota, una ausencia que no siempre tiene cuerpo, ni tumba, ni explicación.

Son pruebas documentales de un país donde la detención sin orden judicial se volvió cotidiana, donde el paradero de un detenido podría desaparecer durante meses o años y donde preguntar ¿Dónde está? Se convirtió en un acto de valentía.

Pero más allá de los informes y los expedientes internacionales, la violación de la Derechos Humanos en Venezuela se vivió y se vive en los hogares.

En la madrugada cuando tocan la puerta. En la llamada que no llega o no responden, en el medico que deja de atender porque fueron arrancado de sus casas, es la certeza de que alguien está preso sin juicio, sin causa, sin rostro público y sin que nadie diga donde.

Este anexo no pretende repetir lo que ya ha sido denunciado ante el mundo. Pretender dejar constancia para la memoria histórica de que lo ocurrido no fue un error, ni una exageración, fue una política y fue real que en oportunidades la vivimos con amigos cercanos e incluso con el médico de la familia.

Nuestro estado Trujillo no se escapó de esa política de terror y percusión. También allí se vivió en carne propia una represión real que alcanzo a amigos cercanos. Incluso al médico de nuestra familia.

Fueron muchos los detenidos y no conformes con esa arbitrariedad sin señalamientos, sin juicios, sin derecho a la defensa, sus propiedades fueron saqueadas, sin considerar las consecuencias humanas y sociales de esos actos. Entre esos detenidos están dirigentes políticos sí, pero también gente del común personas cuyo único delito fue exigir pequeñas cuotas de ayuda o manifestar su descontento. Entre ellos tenemos a:

Dr. Juan Torres

Dra. Elizabeth de Torres

Osmer Torres

Pedro Andrade

Emilio Fajardo

Carlos Andrés González

Guillermo López

Alfredo Marquez

Ricardo Berrios

Alfredo de Jesús Marquez

Mario Aldana

Lewis Mendoza

Carlos Curuna Gucci

Juan Pérez

El caso más representativo de lo sucedido en Trujillo fue el desmantelamiento y saqueo de la Clínica San Miguel Arcangel, propiedad del doctor Juan Torres. Llevándose todos sus equipos: de radiología e imágenes, los aparatos del quirófano, camas, mesas, sillas, escritorios y cuanto mueble existían. Dejando desamparados a los cientos de pacientes que acudían allí por los bajos costo de consultas e intervenciones quirúrgicas. Igualmente lo hicieron con su residencia llevándose todo lo que estaba en su interior.

En otros casos como el del joven Osmer Torres, quien vivía en una casa pequeña con su madre y abuela, fue totalmente saqueada y la propiedad utilizada luego como casilla policial, dejándolas en las calles sin remordimiento alguno.

Lo más triste y lamentable es la manera como se aprovechan del miedo que infunden como ejemplo para quienes tratan de oponerse a una autoridad regional ajena a las necesidades de una población como las de Valera, Mendoza y Motatan, en una región en su mayoría agrícola.

Así opera el régimen, aun en pequeños estados como Trujillo, violando los derechos de quienes no saben, ni tienen como, defenderse de quienes, desde el poder, se los arrebatan.

CUANDO LA REPRESIÓN SE VUELVE ESTADÍSTICA

Detrás de cada historia narrada, de cada nombre propio, de cada casa saqueada y de cada vida suspendida, existe una realidad más amplia que ha sido sistemáticamente documentada por organizaciones nacionales e internacionales de derechos humanos.

Lo ocurrido en Trujillo no es un hecho aislado ni una excepción: forma parte de un patrón de persecución política y social que se repite en todo el país.

Las cifras, aunque frías en apariencia confirman lo que las víctimas han denunciado durante años. Cada número representa una persona detenida arbitrariamente, una familia fracturada, un hogar allanado, una comunidad silenciada por el miedo.

Estas estadísticas no buscan sustituir el testimonio humano, sino respaldarlo, darle contexto y demostrar que la represión no es solo anecdótica, sino estructural.

Diversas organizaciones de derechos humanos han registrado especialmente a partir de los acontecimientos políticos más recientes, un incremento sostenido de detenciones arbitrarias, encarcelamientos sin debido proceso y violaciones sistemática al derecho a la defensa. Las diferencias entre las cifras reportadas responden a metodología distintas y a la opacidad informativa impuesta por el propio régimen, pero todas coinciden en un punto esencial: la magnitud de la violación de los Derechos Humanos en Venezuela es innegable.

A continuación, se presentan los datos recopilados por algunas de las principales organizaciones dedicadas a la defensa de los derechos humanos como Amnistía Internacional, Foro Penal y otras instancias independientes que permiten dimensionar en números la realidad que ya ha sido descrita en hechos y testimonios.

DETENCIONES ARBITRARIAS Y PRESOS POLÍTICOS:

Más de 2000 personas fueron detenidas arbitrariamente por razones políticas tras la disputa electoral de 2024, muchas durante protestas y operativos nocturnos en orden judicial.

Según Amnistía Internacional y Foro Penal, al menos 894 personas permanecían detenidas por motivos políticos a mediados del 2025 incluyendo mujeres, adolescentes y personas cuyo paradero es desconocido.

Foro Penal, cifras cercanas a 1,196 presos políticos a comienzos de febrero del 2025 incluidos niños y adultos arbitrariamente detenidos en operativos de represión.

Cifras independientes de otra ONG sitúan más de 1.067 presos políticos verificados para inicios del 2026 con varios casos aún sin información sobre su paradero.

Para finales del 2025 Foro Penal reportó alrededor de 863 detenciones por razones políticas, aunque parte de esa población ha sido objeto, algunas veces parcial o estratégicamente, de liberaciones, lo que elimina la existencia del patrón de persecución.

Desde el 2014 las organizaciones han contabilizado decenas de miles de detenciones de personas por motivos políticos, muchas de ellas sin proceso judicial claro con uso de cargos amplios como "terrorismo" o "incitación al odio".

Además de los presos políticos defensores de derechos humanos, periodistas y activistas han sido objeto de detención o ataques, lo que evidencia una sistemática restricción del espacio cívico y de libertad de expresión en el país.

EXPROPIACIÓN COMO POLÍTICA DE ESTADO:

La percusión no se limitó a personas, dirigentes o ciudadanos críticos. El régimen entendió su política de control y castigo al ámbito económico, convirtiendo la expropiación de la empresa privada en una herramienta sistemática de poder. Bajo el discurso de la "justicia social" y la "soberanía económica" se ejecutó durante más de dos décadas, un proceso masivo de confiscación que desmanteló sectores enteros de la producción nacional.

Las cifras y los hechos documentados por organizaciones empresariales y observatorios económicos coinciden en que más de 1.400 empresas privadas fueron expropiadas o estatizada a lo largo de estos 26 años. Lejos de fortalecer la economía, este proceso provocó el colapso productivo de pérdida de empleos, el deterioro de servicios esenciales y una dependencia casi absoluta del Estado.

La expropiación no fue una medida aislada, ni excepcional, fue una política de estado aplicada de forma transversal y sin distinción de sectores, tamaños o regionales.

Principales sectores afectados:

Industria y manufactura:

Cementeras

Siderúrgicas

Empresas de vidrio

Plantas de alimentos procesados

Industria química y metalúrgicas

Estas expropiaciones afectaron directamente la capacidad productiva del país, paralizando líneas de producción y deteriorando infraestructuras que habían sido construidas durante décadas.

Sector Agropecuario:

Empresas de semillas

Distribuidoras de fertilizantes e insecticidas

Agroindustrias

Redes de financiamiento agrícola.

El impacto fue devastador: el campo perdió acceso a insumos, créditos y asistencia técnica, lo que acelero el abandono de tierras y la caída de la producción nacional de alimentos.

Sector financiero:

Bancos

Empresas de Transporte

Servicios básicos regionales

La estatización de estos sectores redujo la inversión, limitó el acceso al crédito y debilitó la autonomía de ciudadanos y pequeños productores.

Construcción y materiales:

Cementeras

Empresas de agregados

Constructores

Paradójicamente, mientras se expropiaban estas empresas, el país entraba en una de las peores crisis de infraestructuras de su historia.

"OLIGARCAS TEMBLAD"

Nada de lo ocurrido fue improvisado. Nada fue accidental. La persecución a la empresa privada, el desmantelamiento de la producción nacional, y la expropiación sistemática de bienes y medios de trabajo, fueron anunciados desde el inicio del proyecto político que se instauro en el país.

En uno de sus primeros discursos públicos ante una multitud que aún no dimensionaba el alcance de aquellas palabras. Hugo Chavez lanzó una advertencia que muchos tomaron como consigna encendida y no como lo que realmente era una amenaza directa:

"OLIGARCAS TEMBLAD"

Con el paso del tiempo, esas palabras se convirtieron en política de estado y lo más revelador fue la definición implícita de "oligarcas", no grandes consorcios internacionales, ni elites financieras globales, sino pequeños y medianos empresarios venezolanos hombres y mujeres que habían levantado empresas en un país con enormes limitaciones estructurales, lejos de los modelos industriales de una Alemania, Estados Unidos o China.

Fueron empresarios, productores agrícolas, industriales regionales, comerciantes, prestadores de servicios, quienes terminaron pagando el costo de una visión que equiparó independencia económica con enemistad política. El resultado fue el colapso de sectores completos, la pérdida de empleos, el empobrecimiento de regiones enteras y la sustitución de la iniciativa privada por un Estado incapaz de producir lo que confiscó.

Una propiedad, una vida:

Aún late en los corazones de los venezolanos un nombre que simbolizó para muchos "la resistencia" a las expropiaciones casi por gusto de un Estado voraz: Franklin Brito.

Fue un productor agrícola y biólogo venezolano cuya lucha por la propiedad de su tierra lo convirtió en un símbolo de resistencia contra las expropiaciones y desconocimiento de derechos de propiedad en Venezuela.

Desde el año 2000, sostuvo una larga disputa con el Instituto Nacional de Tierras por la invasión y despojo de gran parte de su finca en el Estado Bolívar, luego de que autoridades permitieran que vecinos respaldados por el gobierno ocuparan sus tierras.

Brito protagonizó muchas huelgas de abre a partir del 2004 como forma de protesta pacífica contra la expropiación y la falta de reconocimiento legal de su propiedad. En esa lucha luego de sacrificar su propio cuerpo al cocerse la boca y cortarse un dedo, murió el 30 de agosto del 2010 a los 49 años en estado físico deprimente.

Esas expropiaciones fueron un exceso, una desviación del proyecto original, cumplido fiel. Personas perseguidas, empresas confiscadas, y una economía sometida a la dependencia que forman parte de una misma lógica de poder.

Expropiaciones en Trujillo

Ni por ser reconocido como el estado más chavista de Venezuela y ser uno de los productores del campo más importantes del país, Trujillo no se "salvo" de expropiaciones, también aquí funcionó la estatización del país, un Estado que arrasaba con todo a su paso para ser el único y señor y dueño de los venezolanos y de Venezuela.

En las garras de un Estado como el venezolano cayeron las 4 empresas más destacadas de Trujillo: Cemento Andino, Central Azucarero Motatan, Agro isleña y Owens Illinois (Favianca).

Y en el centro de ese modelo como su máxima expresión y su botín más codiciado quedó la empresa que durante décadas sostuvo a la nación entera: PDVSA.

EXODO HISTORICO

Desde mediados de la década del 2010 Venezuela ha vivido una de las mayores crisis migratorias de la región y del mundo, una consecuencia directa de la profundización de la crisis económica, social y política del país.

Según los datos más recientes recopilados por organizaciones internacionales como Agencia de la ONU para los refugiados (ACNUR), la Organización internacional para las migraciones (OIM) y plataformas especializadas en seguimiento migratorio.

Magnitud del éxodo

Entre 7.7 y 8.0 millones de venezolanos han salido del país hasta el 2025, lo que representa el 20% de la población total del país.

Esta cifra convierte al éxodo venezolano en uno de los movimientos migratorios más grande de America Latina en tiempo reciente, comparable con crisis humanitarias en otras partes del mundo, incluso sin ser resultado de una guerra convencional.

País de destino:

Colombia 2.810.358

Peru. 1.662,889

Estados Unidos 759.664

Chile 729.000

España 700.769

Brasil 672.043

Ecuador 444.778

Argentina .... 162 mil

Rep. Dominicana...124 mil

Portugal ....100 mil

Panama .... 94 mil

Trinidad y Tobago...78 mil

Italia .... 150 mil.

Este éxodo ha tenido profundas repercusiones tanto para Venezuela como para las sociedades receptora.

1.- Dejar atrás familias, comunidades enteras, vidas y proyectos ha sido la experiencia de millones de venezolanos que emprendieron viajes largos y en muchos casos peligrosos.

2.- Los países de acogidas especialmente en America Latina y el Caribe han enfrentado el desafío de integrar poblaciones crecientes de migrantes, con impactos sociales, económicos y culturales complejos.

3.- La diáspora venezolana no solo en un fenómeno cuantitativo, sino una historia humana de búsqueda de dignidad, sobrevivencia y reconstrucción de vidas en nuevos territorios.

Ahora bien, para comprender la magnitud de la diáspora venezolana, es importante mirar no solo los grandes destinos, sino también como nuestra gente se ha dispersado por todo el planeta.

La mayor parte se concentró en esos países señalados según los datos de las organizaciones especializadas en éxodos.

El impacto venezolano va mucho más allá de esos destinos principales.

En casi todos los continentes hay comunidades de venezolanos que han construido nuevas vidas lejos de casa desde países latinos como los señalados, hasta naciones europea: Portugal, Italia, Francia, Alemania y el reino Unido y también en países tan remotos como Canada, Australia e incluso en regiones del Medio Oriente.

Esta presencia global ilustra como, producto de la crisis y la búsqueda de oportunidades, los venezolanos se han convertido en un pueblo verdaderamente disperso por todo el planeta llevando su cultura, su trabajo, su historia a rincones como Alaska y Oceanía.

ÉXODO DEL CONOCIMIENTO

A medida que la crisis humanitaria y económica se profundizaba en Venezuela, no solo salió una gran parte de la población, sino una proporción significativa de quienes partieron eran profesionales con formación universitaria y especializada.

De los más de 8 millones de venezolanos que hoy viven fuera de Venezuela se estima que alrededor del 30% cuenta con título universitario o superior, lo que equivale a millones de personas con educación profesional viviendo en el extranjero.

En el caso de los médicos, diversas organizaciones gremiales han documentado que decenas de miles han emigrado en busca de mejores condiciones de vida y trabajo. Por ejemplo, la Federación médica venezolana y otros observadores de la diáspora sitúan el número de médicos en decenas de miles desde los años recientes, con muchos ejerciendo en países de America Latina y Europa.

Aunque no existen cifras oficiales completas por país sobre médicos venezolanos en el exterior algunas proyecciones y registros de ejercicio profesional permiten ver cómo se distribuyen en distintos países:

Chile: hasta el 2021 alrededor de casi 5.000 médicos venezolanos reconocidos.

Argentina: según reporte de la OIM ha había presencia de médicos venezolanos en 200 provincias de Buenos Aires.

España: medios han estimado entre 1.000 y 2.000 médicos venezolanos ejercen o están en trámites.

Otros países: como en Colombia, Peru, Ecuador y en Estados Unidos se estima otro importante número de médicos venezolanos que ejercen o esperan revalidar.

Este fenómeno no se limita solo al sector salud entre esos grupos los ingenieros, especialmente vinculados al sector petrolero que han emigrado a países como Canada, Colombia y Estados Unidos.

Un estudio presentado por la oposición venezolana, cerca de 92.000 profesionales entre médicos, ingenieros, arquitectos y científicos han emigrado en los últimos años describiéndolos como "fuga de talento"

Esa fuga de talento explica en buena medida porque la reconstrucción de Venezuela no puede limitarse a levantar infraestructura, reactivar empresas o firmar acuerdos internacionales: el verdadero desafío es humano.

Reactivar el país indica preguntarse dónde están quienes sostuvieron durante décadas el sistema de salud pública, la educación, la investigación y la principal industria nacional y bajo ¿qué condiciones? podrán regresar, colaborar o reencontrarse con una nación que hoy los necesita tanto como antes los expulsó.

PDVSA: PETROLEO, PODER Y DESTRUCCION

Con la Corporación Venezolana del Petróleo (CVP) creada el 19 de abril de 1960, como instituto autónomo del estado venezolano, con personalidad jurídica propia y patrimonio propio bajo el gobierno de Romulo Betancourt se inició la explotación petrolera en Venezuela.

Su creación fue parte de un proceso más amplio de crecimiento, más amplio de grandes esfuerzos del Estado por tener participación en una industrial dominada por empresas extranjeras.

Desde sus inicios la CVP tenía como objetivos:

Promover el desarrollo de distintas fases de la industria petrolera nacional.

Actuar en la exploración, producción. refinación y distribución de derivados del petróleo, especialmente en el mercado interno.

Administrar la distribución de gas en Caracas, y operar actividades limitadas de comercio internacional y exploración.

En ese sentido la CVP representó el primer intento del estado venezolanos de organizar institucionalmente su propia presencia en el negocio petrolero, aunque en ese momento todavía coexistía con las grandes compañías extranjeras que controlaban la producción principal.

Cabe señalar que el primer pozo perforado fue en el año 1961 en el Estado Zulia y en 1964 adquirió y expandió la refinería de Moron, siendo parte de sus primeras operaciones petroleras significativas.

La CVP evoluciono en los años posteriores y a mediados de los años 70 en el contexto de la Ley de Nacionalización Petrolera, fue convertida en sociedad anónima en 1975 como parte de la reestructuración general del sector.

Finalmente, con la creación de PDVSA, (Petróleo de Venezuela Sociedad Anónima) mucho de los activos y funciones de la CVP fueron absorbidos o reformulados dentro de la nueva estructura estatal.

La CVP terminó fusionándose en 1978 con otras filiales estatales para formar nuevas entidades como Corpoven perdiendo su independencia original.

Nacionalización del petróleo:

La nacionalización de la industria petrolera venezolana fue una decisión histórica del presidente Carlos Andrés Pérez, (1954- 1979). Su plan económico La Gran Venezuela" impulso la absorción total de las operaciones petroleras que hasta entonces estaban en manos de empresas extranjeras.

El primero de enero de 1976 se considera el día oficial de la nacionalización del petróleo en Venezuela, cuando el estado tomo control de todas las operaciones petroleras dentro del país naciendo formalmente Petróleos de Venezuela S.A. (PDVSA) como la empresa estatal petrolera que sustituye a las compañías extranjeras y centraliza las actividades del sector.

Este proceso no fue un quiebre abrupto, sino legal y paulatino: la ley de nacionalización se aprobó en agosto de 1975 y entro en vigor a partir de 1 de enero de 1976 transfiriendo progresivamente concesiones y activos a PDVSA y sus filiales.

Desde ese momento paso a controlar la exploración y producción, refinación, transporte y exportación del crudo venezolano, enlazando directamente las reservas energéticas del país con su estructura económica y social.

Antes de la década del 2000 PDVSA estaba entre las 5 principales empresas petroleras del mundo y funcionaba con relativa autonomía técnica y administrativa.

A partir de los Gobiernos de Hugo Chavez (1999- 2013) y profundizado con Nicolás Maduro, PDVSA dejo de ser una empresa técnica para convertirse en una herramienta política y social del Estado.

Eso trajo como consecuencia que PDVSA tuvo que destinar enormes recursos a programas sociales y al financiamiento directo del estado, en lugar de reinvertir en mantenimiento, exploración e infraestructura, lo que socavó su eficiencia.

Se multiplicaron prácticas de corrupción y se despidió o sustituyó gran parte del personal técnico calificado por empleados leales al poder político, reduciendo la competencia y el conocimiento especializado dentro de la compañía.

El deterioro se manifestó en las plantas de refinación como el Palito, Puerto Cabello, que quedaron parcialmente paralizadas o incapaces de operar a plena capacidad por falta de mantenimiento, inversión o incidentes operacionales.

Desde el 2017 en adelante especialmente por parte de Estados Unidos PDVSA fue objeto de sanciones económicas que limitaron su acceso a financiamiento tecnología y mercados internacionales.

Así la realidad, la producción petrolera que a finales del siglo XX estaba sobre los 3,4- 3,8 millones de barriles de petróleo diarios, cayó drásticamente en los siguientes años para ubicarse en 1 millón de bpd.

PDVSA fue durante décadas el mayor motor de divisas y financiamiento estatal. Gran parte de la economía venezolana dependía de los ingresos petroleros para financiar gasto público, subsidios y programas sociales. Cuando la producción colapso.

Esa situación profundizó la capacidad del país de importar bienes básicos, medicinas, repuestos, contribuyendo a la escasez crónica y la hiperinflación.

Así mismo el colapso productivo petróleo alimento la caída del PIB, el colapso de servicios públicos y la erosión de instituciones.

La emigración masiva de millones de venezolanos también estuvo ligada a la incapacidad del estado para sostener empleos, salarios y servicios básicos.

Con la caída y captura de Nicolas Maduro el 3 de enero del 2026 por parte de Estados Unidos y el reacomodo del Gobierno hubo movimientos importantes dentro de PDVSA y la política petrolera venezolana.

Una nueva ley de hidrocarburos aprobada en Venezuela ese año 2026 y la modificación de regulaciones estatales, se ha abierto el sector petróleo a inversiones privadas y extranjeras reduciendo al monopolio operativo de PDVSA y buscando atraer capitales para revitalizar la industria.

Estados Unidos planea emitir licencias generales que permitan a empresas operar y producir petróleo en Venezuela, como parte de nuevos acuerdos energéticos tras cambios políticos internos.

Ese tiempo de reformas representan un giro histórico respecto a las políticas del chavismo que mantenían control estatal absoluto sobre el petróleo desde mediados del 2000.

Luego de esa historia de la CVP y luego PDVSA, podemos señalar que son empresas, que por décadas fueron el corazón económico de Venezuela, el pulmón que sostuvo hospitales, escuela, carreteras, ciudades enteras, programas sociales y una nación que caminaba a su pleno desarrollo.

Venezuela fue también el símbolo de un país que creyó con razones que podía construir su futuro sobre una riqueza que parecía inagotable.

Pero el petróleo cuando deja de ser proyecto nacional, y se convierte en botín político, deja de ser bendición y se transforma en condena.

Lo que ocurrió con PDVSA no fue un accidente, ni una fatalidad, fue el resultado de decisiones conscientes: la politización de la empresa, la expulsión del talento, la corrupción sistemática, el uso del petróleo como herramienta de poder y no como motor de desarrollo.

PDVSA fue vaciada desde adentro, despojada de su esencia técnica y convertida en la caja negra de un estado que dejó de servir a la nación para servirse de ella y cuando PDVSA cayo, Venezuela cayó con ella:

La escasez, la hiperinflación, el colapso de los servicios públicos, la migración forzada de millones de venezolanos no puede entenderse sin esta historia.

Cada familia separada, cada profesional obligado a irse, cada anciano sin medicinas, cada joven sin futuro es también una consecuencia del derrumbe de la industria que sostenía al país.

Hoy cuando se habla nuevamente de reformas, de aperturas, de capital privado y de reconstrucción la pregunta no es solo económica, es moral e histórica: ¿Qué aprendimos?,¿Qué estamos dispuestos a repetir? ¿y quienes asumirán la responsabilidad de lo que se destruyó?

Porque ningún país se reconstruye con el olvido.

Este libro no busca venganza, ni revancha. Busca memoria. Busca dejar constancia de una verdad que la vivimos, la padecimos, tanto en el país, como cuando me toco irme al exilio, como millones de venezolanos, que no nos fuimos porque queríamos, sino porque no nos dejaron otra opción.

Crónicas de una Venezuela exiliada, es en esencia, un acto de resistencia contra la amnesia. Un testimonio para las generaciones que vienen. Una advertencia para que nunca más se confunda poder con patria, ni ideología con nación, ni riqueza con impunidad.

Por eso este cierre no es un punto final, es una línea de memoria trazada con firmeza.

Porque olvidar seria traicionar a los que se quedaron, a los que se fueron y a los que ya no están.

Porque lo vivido no puede repetirse. Porque Venezuela merece justicia, verdad y reconstrucción.

¡PROHIBIDO OLVIDAR!

EPILOGO

Desde el 2014 hasta el 2025, más de 8 millones de venezolanos, casi una cuarta parte de la población nacional ha dejado su país en busca de mejores condiciones de vida, seguridad y oportunidades.

Este éxodo masivo, uno de los más amplio de America Latina en las últimas décadas en las ultima décadas ha tejido redes humanas desde Colombia, hasta Estados Unidos, desde Chile hasta España transformando no solo las vidas de quienes emigraron, sino también las sociedades que los recibieron.

En este libro hemos narrado no solo el flujo de personas, sino las historias de sueños, pérdidas y luchas que acompañan a cada número.

Los datos y hechos aquí presentados nos ayudan a dimensionar la magnitud de un fenómeno que redefine la realidad de Venezuela.

ÍNDICE

www.ingramcontent.com/pod-product-compliance
Lightning Source LLC
Chambersburg PA
CBHW051242130726
47988CB00001B/463